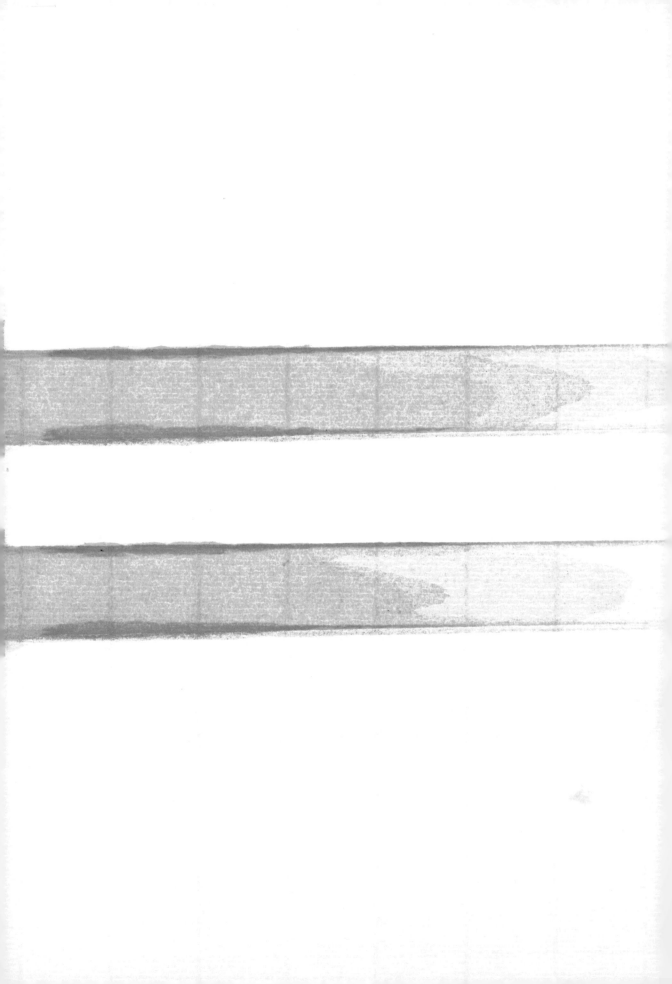

umacɨ'ɨra Kanakanavu karukarua 看見卡那卡那富族植物

目錄
CONTENTS

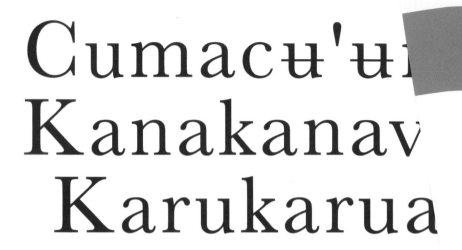

Cumacu'ʉ Kanakanav Karukarua

看見卡那卡那富族植物

翁坤、鍾梅芳、謝林春里、江秀菊、翁范秀香、
藍林鳳嬌、江朱樹蘭、翁博學、藍鳳嬌、
說鄔·昂芳·卡阿妃雅說 —— 口述

劉正元、阿布娪·卡阿斐依亞那、邱碧華、闕妙芬 —— 撰文

獨特與唯一的 Kanakanavu

本書《Cumacu'ɨra Kanakanavu Karukarua 看見卡那卡那富植物》是 Kanakanavu 出身的 Apu'u kaavina 等族人，與國立高雄師範大學臺灣歷史文化及語言研究所劉正元教授及研究生團隊合作下完成的學術成果，寫的正是臺灣原住民族中分布於 Namasia（那瑪夏區）人口極少的 Kanakanavu 族群之傳統領域中的傳統植物知識。本書的背景是源起於 2008 年因為莫拉克颱風，造成該傳統領域巨大的洪水土石災害後的部落重建，重創後的族人除了要儘快重建被沖毀倒坍的部落房屋與聯外道路，但也很快發現要重建的不只是硬體建設，甚至更重要的還有久被摧殘揚棄的傳統民族文化與生態智慧，房屋空間的重建容易，但身心靈歸屬的地方家園卻難恢復，因為需要找回傳統文化與知識語言來填補重建，正是在這樣的背景下，Apu'u kaavina 重建工作團隊與學者劉正元教授及研究生團隊以對等合作的研究方式經過數年的努力而完成。

莫拉克災後的過去這十年，清楚呈顯臺灣原住民族承受的是自然與人為雙重災害，甚至人為比自然可能更為嚴重，簡言之，即人—地雙重殖民傷害，其結果是傳統社會生態智慧失落，也造成因應和面對自然災害以及災後復原的韌性機制的崩解。當政府災後重建的重心放在遷居或是永久屋聚落或道路橋梁等工程，我們看到許多部落族人因為家園被專家認定為安全堪虞或是被強制遷移不斷抗爭，或是將空蕩的永久屋空間以傳統文化語彙裝飾成原鄉家園，或是爭取家屋周邊空間轉換成紅藜、小米的傳統耕地，為的就是讓陌生空間變成歸屬的家，而這正是部落災後內在自主的韌性機制，這是政府始終

忽略的。

另一方面，文化重建豈止是浮雕意象的拼貼，須是回歸的傳統語言知識的重建，對於原住民族而言，這樣的重建也同時是解除殖民工程的開展，本書正是在這樣的脈絡時勢下的階段性作品。本書將少為人知的 Kanakanavu 數十種指標性植物除了做了極為豐厚的文化解說，建構並充實了族群傳統植物知識及所謂民族植物學內涵，更重要的是由於 Kanakanavu 女性如 Apu'u kaavina 積極參與的角色，使得在男性占優勢的原住民族傳統知識中，增加許多精微細緻的女性觀點與智慧，如在過程中確認了女性耕作過程中的女人田 Usu'uru，通常位於耕地中間，種植木薯、芋頭、地瓜、南瓜、玉米以及香蕉等均為 Kanakanavu 存活保命的食物，一種民族食物安全保存的智慧為本書所揭露，令人驚豔。

Kanakanavu 雖然人口不多，但無疑地，其語言文化與知識卻是獨特與唯一，這本書的出版照亮了該民族在這星球上的文化位置。

原住民族委員會　前副主任委員／

國立臺灣師範大學地理系副教授兼原住民研究發展中心　主任

tibusungu 'e vayayana

汪明輝

2020・09・15

「Kanakanavu 學」的開始

2002 年有機會回到當時仍被稱為三民鄉的公所服務，有很多的機會參與地方的文化活動，聽部落長老談論 Kanakanavu 的傳說與哀愁。後來認識了一群志同道合的族人，短短幾年內，我們隨著長老尋訪舊社遺址、重建達卡努瓦男子聚會所、舉辦米貢祭與河祭、認養達卡努瓦溪護溪的工作，還成立了台灣卡那卡那富文教產業發展促進會，作為對外聯繫爭取文化復振計畫經費的管道。這個協會在我們成立之初，就規劃以「準民族議會」的模式運作，在議事代表席次的組成上容納代表各家族利益的理監事參與討論表決，並且設置青年、婦女等功能性代表，容納更多元的意見，這麼做的目的在回歸傳統 cakuru 的公共議事精神，甚至我們將終極目標設定在協會未來可以順利轉型為名符其實的「民族議會」，因為我們相信唯有如此才能超越社團或組織間個別利益，真正由下而上做到 Kanakanavu 的永續發展。可惜，後來因為職務異動而離開家鄉，在「不在其位，不謀其政」的原則下，這部分的想法就暫時擱著了。

當年這一群志同道合的年輕族人中，阿布娟分外顯眼，尤其在 Kanakanavu 父系社會裡，向來由男性主導公共事務，她高亢突出的「部落婦女觀點」，通常要幾經折衝論辯，事後回看，卻是常常讓我們避免走入了單一性別觀點的謬誤。我猜想，也許是累積太多的類似經驗，後來她關懷焦點逐步轉向，轉而將重心擺在過去部落傳統分工上主要由婦女擔任的農事活動，從 to'ona tamu 的小米復育，紅藜栽植、深山裡的麵包，十幾年下來，由傳統作物的復育、栽植到應用，她讓自己在 Kanakanavu 文化復振的百川中，

走出不一樣的流動曲徑。

　　過去我們曾火熱討論「Kanakanavu 學」，意思是透過系列文化復振活動將往昔 Kanakanavu 的形像再現後，進一步透過對傳統知識的整理，讓 Kanakanavu 的豐富的山林、溪流、農耕、狩獵知識重新向族人說話，並再一次活出傳統知識與行動蘊含的意義、價值和精神，然後真正自豪的說，我以「我」的思維來閱讀這個世界，並貢獻出 Kanakanavu 的生活智慧。

　　這本精美而且是以 Kanakanavu 生活應用觀點為焦點的植物誌，特別讓人感到驚艷，每株植物的解說包含了傳統知識、部落敘事以及個人生命記憶，鮮活地展現出 Kanakanavu 的眼中世界。很佩服劉老師和撰者們所花的心思與努力，傳神的捉住了 Kanakanavu 的眼睛。

　　這本書也讓我對「Kanakanavu 學」更有信心，真是可喜！

高雄市原住民事務委員會 副主委　陳幸雄

獻給卡那卡那富族

　　這本專書的出版，源於文化部 109 年社區營造青銀合創實驗方案計畫的結案成果之一。計畫由高雄市原住民婦女永續發展協會負責執行，協力執行單位是國立高雄師範大學臺灣歷史文化及語言研究所。長期以來，在地社團與高師大之間早就建立良好的學術和部落夥伴關係，大學端也在訪員訓練及計畫規劃上提供在地社團不少支援。2018 年初，阿布娪和劉正元雙方在討論協商合作內容時，達成了想要出版一本 Kanakanavu 植物專書的想法。劉正元於是在 2018 上半年，於研究所開設一門田野調查的課程，並帶領五位研究生進入那瑪夏展開長時間的植物調查，後來幾位研究生因為個人時間及生涯安排等因素無法繼續調查工作，最後由邱碧華及闕妙芬兩位研究生在劉正元指導及帶領下，不斷針對書本內容、體例等展開密集討論與田野調查，最後再與女窩團隊一起合作完成這部專書——期間邱碧華更依此主題順利取得碩士學位。

　　本書以族語《Cumacʉʼʉra Kanakanavu Karukarua》作為主書名，中文《看見卡那卡那富族植物》反倒成為副標題。這樣的主從安排背後隱含某種話語權的翻轉；本書介紹的植物名稱標題也是先以族語呈現，接著再出現中文，撰者的意圖是想藉由族語的呈現，凸顯 Kanakanavu 的文化主體性。

　　《Cumacʉʼʉra Kanakanavu Karukarua》這個題目是跟說鄒理事長商量後的結果。Cumacʉʼʉra 這個字在族語中是「看見」的意思，詞根結構是 cʉʼʉra-，泛指一般視覺上的看見，而且不論任何時間，例如如果指涉現在發生的「看見」，族語會說：「manmaan kara kasu cumacʉʼʉra tensʉ.」——

意思是「你喜歡看電視嗎？」另外，它也可以指涉未來會發生的時間的看見，例如 te ku iaavatu nura cumacu'ura kasua 的意思是：「我明天會去看你。」如果是特別指涉這種「看見」是存在於說話者記憶之中的話，在 Kanakanavu 族語所使用的詞彙是 cinimu'ura，例如：cinimu'ura ku manu musu na cacanu 是指「我曾經在路上看過你的孩子」。

Kanakanavu 族語中並沒有「植物」這個字，類似的族語有兩個：cunu 是指「長葉子的植物或草」，但不包含樹木；karu 則專指「樹木」，例如本書中提到的 suru karu（茄苳樹）、coru karu（血桐）、nanuncunai karu（構樹）、ravan karu（羅氏鹽膚木）等後面都要加上 karu 這個字。後來理事長與部落耆老商量的結果：建議本書以複數型的新創詞 karukarua 來泛指所有的植物。

本書由幾位撰者協力完成：劉正元負責整體專書章節架構、擬定半結構訪談問卷、研究方法及進度掌控，並負責第一章民族植物學定義及相關書寫及結論，以及全文的體例安排及修改；兩位研究助理碧華及妙芬負責整理訪談逐字稿及植物初稿寫作，並在教授指導下進行定期聚會；阿布婍則負責耆老訪談安排，以及第六章她個人生命中的重要植物書寫；鍾智鈞則負責與相關單位的行政聯繫，及本文附錄二的執行計畫感想心得分享。書末我們也邀請大家，可以實地走訪，以無痕的概念（拍照或繪畫）一同記錄這些民族植物。

在為期超過兩年的田野調查過程中，感謝下列協助我們調查的在地耆老：翁坤、藍林鳳嬌、謝林春里、施彭梅、翁博學、翁范秀香、江朱樹蘭、江秀菊、鍾梅芳、江秋美等主要受訪者，以及三位審查委員：林曜同、余瑞明、陳幸

雄的指教，三位學有專精的專家學者提供我們非常寶貴的修訂建議；高師大臺文所研究生王雅馨、張懷謙協助部分田野訪談逐字稿整理。另外，感謝高雄麗文文化事業的鍾宛君編輯不辭辛勞地一再校對書中內容；美編黃士豪的精美圖版設計；感謝社團法人高雄市原住民婦女發展永續協會及國立高雄師範大學臺灣歷史文化及語言研究所的協力執行計畫。最後，感謝來自中央文化部的計畫經費贊助，方能出版成書，在此對以上單位及個人致上撰者們最深的謝意。

　　謹以此書，獻給卡那卡那富族。

劉正元　阿布娪·卡阿斐依亞那　Khu Phek-hôa　闕妙芬

2020‧09‧01

我是卡那卡那富──正名後的實踐行動傳承

繼前面幾位共同撰者序外，在此我也以文化部社區營造青銀合創實驗方案──第一類青銀合創發展在地知識：「我是卡那卡那富──正名後的實踐行動計畫」主持人名義，寫下一些我個人執行計畫的感言。

《Cumacu'ura Kanakanavu Karukarua》終於定稿，首先誠摯的謝謝長輩：翁坤、藍林鳳嬌、謝林春里、施彭梅、余瑞明、翁博學、翁范秀香、江朱樹蘭、江秀菊、鍾梅芳、說鄒‧昂芛‧卡阿妃雅說在地知識的分享！謝謝您們願意將您們的知識分享並交給我們做紀錄、整理保存！Cucuru pakaria ngangatu sosomanpe kamua！！（真的非常謝謝您們！！）

其次，非常謝謝國立高雄師範大學臺灣歷史文化及語言研究所劉正元所長的團隊從前幾年開始，就進入田野現場與我們協力執行文化部這個計畫。2018 年發展耆老與傳統作物的調查、訪談、生命故事記錄的課程培訓到 2020 年 Kanakanavu 民族植物誌調查出版的工作，如果沒有劉正元所長帶著團隊進場協力，這本搶時間保存紀錄專書不知道何時才能完成，謝謝您們！！

另外，謝謝智鈞願意在災後從都市回部落工作，因為你的願意，我們才有機會推展青銀合創實驗方案，持續族群正名後的實踐行動。謝謝女窩團隊：說鄒‧昂芛‧卡阿妃雅說理事長、林江梅英、詹怡玲、周季珊、阿布‧伊斯坦大等夥伴合力推展田野調查、訪談進行及智鈞的行政事務。女窩自 2003 年發起籌組後所體現、實踐原住民女性主體的勇氣與毅力，承載了性別、族群、階級、被殖民複雜交織的壓迫、挑戰，並歷經八八水災／莫拉克颱風災害重創至今，我們還在；跟妳們致敬！如果沒有妳們，也不會有這本專書謝謝！部落女力們，謝謝！！

　　謝謝審查委員：余瑞明 Cuma avia 長老、陳幸雄 Avia naubana 副主委、林曜同老師的修訂建議；這過程在 Cuma avia 受教很多，校稿時我們進入 Kanakanavu 的世界看植物，那植物的世界鮮活起來了，那是連著土地、風、水、星星、月亮、太陽和人類共構的植物世界；Cuma avai 知道受執行計畫的時效及經費的限制，看著我說：「我看妳去念博士，要繼續補充第二章草本類禾本科植物內容如 Parai、pusian、viaru 等作物，及第四章喬木及灌木之木本科植物內容要再加 tamakeki 是很重要的建材……。」我回答念博士可能沒有時間，但紀錄會持續做。特別喜歡跟著長者認識世界，那深邃、優雅、美麗的族群世界！

　　謝謝 kaaviana 的家人，我們的靈魂相約在 Kanakanavu 組成 kaaviana 家族，祖先們流離顛沛的傳說，一直被述說、被傳說……請祝福我並給我勇氣與毅力追尋並記錄那傳說，劉正元老師團隊協力完成的《Cumacuʉra Kanakanavu Karukarua》是起步，是族群正名後的實踐行動。

　　最後，謝謝文化部支持部落社區青銀合創的機會，我們得以進行搶救、保存在地知識並出版專書；如我們在計畫書內容所寫，進行 Kanakanavu 民族植物誌調查內容並呈現研究成果，一來是感恩、紀念幾位 Kanakanavu 具傳統知識並願意口傳的長者，二來也保存並豐富臺灣文化資源，落實青銀合創之理念。Sosomanpe！！

社團法人高雄市原住民婦女永續發展協會／女窩

 2020 · 09 · 13

第一章

民族植物學
定義及相關研究

民族植物學定義

　　本書是從民族植物學（ethnobotany）的角度來檢視卡那卡那富族對於周遭植物的使用，以及這些植物如與當地人群、社會和文化之間如何互動的過程？

　　民族植物學這個名詞的出現大約源於 19 世紀末，是由一位當時擔任賓州大學（University of Pennsylvania）的植物學家 J. M. Harshberger（1896）所提出。[1] 他採集了北美西南地區古植物的考古遺跡進行檢驗，考證植物的起源，另外，Harshberger 透過原住民對於植物的利用情形，包含服飾、食物及住房材料等，具體闡述原住民的文化內涵，揭示植物的分布和傳播的歷史過程，並確定古代貿易的路線，他將自己的研究稱之為民族植物學（ethnobotany）研究。

　　然而，Harshberger 並非當時在美洲西部進行植物研究的唯一學者，Powers（1873-1874）[2]、Palmer（1871）[3]、Hough（1898）[4]、Fewkes（1896）[5] 等學者均投入這個地區的植物學研究，其中，Powers 將他的研究稱之為「原住民植物學（aboriginal botany）」。他們的研究主題範圍甚廣，不單只是討論植物的應用，同時也在探討當地原住民對於植物的信仰，以及

1　Harshberger, J. W., "The Purpose of Ethno-botany." *American Antiquarian*, 17(1896): 73-81.

2　Power, Stephen, "Aboriginal Botany." *Proceedings of the California Academy of Sciences*, 5(1873-1874): 373-379.

3　Palmer, Edward, *Food products of the North American Indians*. (Report of the Commission for 1870, U.S. Department of Agriculture, Washington D.C), pp. 404-428.

4　Hough, Walter, "Environmental interrelationships in Arizona." *American Anthropologist*, 11(os) (1898): 133-155.

5　Fowler, J. Walter, "A Contribution to Ethnobotany." *American Anthropologist*, 9(1896), pp. 14-21.

人與生態環境之間的關係。

　　民族植物學其中一支的研究偏重於植物學取向的研究，例如栽培植物的物種起源與保存，特別是人類如何馴化野生植物的過程，著名的研究包含對於南美洲印加文明（Incas）的植物基因保存（Niles, 1987; Yacovleff & Herrera, 1934）；[6] 中國民族植物的起源探究（Anderson, 1988）；[7] 古希臘、羅馬和伊斯蘭帝國的植物調查（Ambrosoli, 1997）[8] 等。相對地，民族植物學另一個研究取向則著重於植物與人之間的關係。Lira、Casas 與 Blancas（2016）對民族植物重新定義，認為民族植物學不僅是著眼於原住民如何利用植物，還應包含人類如何適應於周遭的環境，以及人類的經濟活動、思想行為等是如何受到植物影響。[9]

　　後者的討論比較接近人類學的討論，闡述人和環境植物如何相互影響？包括人類對於周遭植物的利用以及這個過程對人類產生的作用。著名的例子是生態人類學家 Julian H. Steward（1993）在美國西南區休松尼印第安人的觀察紀錄[10]。當地人除了會集體狩獵及採集松果或其他穀類作為主要糧食外，他們也會以一個族群的重要食物來命名，例如吃松果者、吃穀粒者等，用來區隔不同的團體。如果遇到遷移的情形，則以新地區的食物食用者命名。換言之，植物不只是作為食物而已，同時也反映了一群人的命名方式。

6　Niles, Susan A., *Callachaca: Style and Status in an Inca Community.* (Lowa City: University of Iowa Press, 1987). Yacovleff, E. & F. L. Herrera., *El Mundo Vegetal de los Antiguos Peruanos.* (Lima: Museo nacional, 1934).

7　Anderson, E. N., *The Food of China.* (New Haven: Yale University Press, 1988).

8　Ambrosoli, Mauro., *The Wild and the Sown: Botany and Agriculture in Western Europe.* (Cambridge: Cambridge University Press, 1997). pp. 1350-1850.

9　Lira, Rafael, Casas, Alejandro, & Blancas, José (Eds.) *Ethnobotany of Mexico：Interactions of People and Plants in Mesoamerica.* (New York: Springer-Verlag, 2016)

10　Julian H. Steward 原著、張恭啟譯，《文化變遷的理論》（臺北：允晨，1993）。

民族植物學研究中兩種假設謬誤

人類學家 Minnis（2000）認為過去研究民族植物學是建立在兩種錯誤的假設上：[11] 首先，人們往往以為研究民族植物就是在研究原始人（primitive people）如何在異文化下使用某種植物作為特定的用途（how people of tribe X use plant Y for purpose Z）。事實上，民族植物的研究不僅僅只限於植物人們如何使用植物，也探究在特定的文化與環境脈絡下，植物與人之間的互動關係。Minnis 舉了一個例子：某些北美原住民可能把奶油、炸昆蟲放在生菜萵苣中，然後配著辣椒食用，這在營養價值上很高，但是對於美國人來說可能是難以接受的食物，換言之，每種文化都有他們利用即安排植物的方式，具有跨文化差異。

其次，人們常常以為是民族植物研究的範圍只限於非工業化及非都會區的社會（nonindustrialized and nonurbanized societies），而忽略不論是原住民、鄉民、少數族裔等都是我們這個世界的一部分。而且現在越來越多的大學逐漸開設原住民等相關課程，內容對於少數族裔及非工業化地區的生態及文化體系有更多的認識與了解，有助於我們深入了解並分享這些知識體系。逐步建立原住民族植物的知識，除可作為當地發展的文化智慧財產，更可被視為全人類文化資產的重要傳遞方式之一，並能夠與各個不同社會分享。

11　Minnis, Paul E., *Ethnobotany: A Reader*. (Norman: University of Oklahoma Press, 2000), p. 3.

為何是民族植物學？

上述兩項研究假設上的思考，引出更大的學術視野與架構：第一面向是朝植物多樣性及文化多樣性的研究；第二面向則是朝向原住民族的知識體系的調查。首先，若干研究已經朝更多樣物種的農業生產、新的醫藥並增進科學家們對於保存技術與策略等方向前進。Plotkin（1993）[12] 和 Schultes 與 Reis（1995）[13] 等研究提供大眾熟悉若干傳統醫藥在現代醫療中的運用，很多製藥公司及生技廠現在也逐漸研發傳統使用在原住民地區的自然藥物，可以預見未來仍有很多天然藥物會被開發。

各大洲熱帶雨林是植物及生物重要的保存區域，Fowler 與 Mooney（1990）[14] 的研究指出：熱帶裡面許多植物物種未來從野生馴化為農作物後，將可作為新的食物生產，解決糧食不足的問題。

然而，植物與生物的多樣性與文化的多樣性必不可分，因為這些植物過去長久以長一直被當地原住民使用作為食用、醫療、祭祀及巫術等各種不同用途，換言之，在利用這些植物在此之前，我們更需要了解當地人是如何使用它們，因為這些人是環境最精細的觀察者，所以對於原住民族的體驗經驗，和使用植物背後隱含的知識體系是另一個重要的研究面向，這些知識不僅讓我們得知當地人的知識體系，同時也對於未來人類對於環境適應的討論有更

12　Plotkin, Mark, *Tales of a Shaman's Apprentice*. (New York: Viking, 1993).

13　Schultes, Richard E. & Siri Von Reis, *Ethnobotany: The Evolution of a Discipline*. (Timber Press, Portland, 1995).

14　Fowler , Cary & Pat Mooney, *Shattering: Food, Politics, and the Loss of Genetic Diversity*. (Tucson: University of Arizona Press, 1990).

深層的理解及架構（Brush & Stabinsky 1996; Johnson, 1994; Orlove & Brush, 1996）。[15] 是故，Minnis（2000）告訴我們：從原住民得到的他們如何作出適應環境選擇經驗對我們彌足珍貴，如果不去理解這層，「民族植物學可能只是一個人與植物之間靜態關係的研究。（Ethnobotany could become only the study of static relationships if peoples of the world do not have the self-determination to choose, as much as possible, their own solutions to the problems that they face.）」[16]

15　Brush, Stephen B. & Doreen Stabinsky, *Valuing Local Knowledge: Indigenous People and Intellectual Property Rights.* (Washington D. C. : Island Press, 1996). Johnson, B. A., *Who Pays the Price?: The Sociocultural Context of Environmental Crisis.* (Washington, D. C. : Island Press, 1994). Orlove, Benjamin S. & Stephen B. Brush, "Anthropology and the conservation of the biodiversity. " Annual Review of Anthropology, 25(1996): 329-352.

16　Minnis, Paul E., *Ethnobotany: A Reader.* (Norman: University of Oklahoma Press, 2000),

臺灣原住民族民族植物研究

日治時期臺灣原住民族植物研究

日治時期臺灣總督府約在 1900 年後展開對原住民族的社會與文化，並出版各族群的臺灣蕃族調查報告書，成果豐碩。日治時代的民族植物研究多與臺灣南島民族的人類學調查有關，下面舉其中具代表性的森丑之助、鳥居龍藏及鹿野忠雄的研究為例作說明。

森丑之助提到他到排灣族文樂社時，觀察到：「*蕃人所種的草花，專供編串花冠之用。*」（2012），[17] 並看到檳榔、榕樹、竹子、相思樹、毛柿等植物，他在民族誌中描述了這些植物與族人生活間的關係：「*由於某種原始信仰，蕃社種很多榕樹，他們也種竹子和相思樹。相思樹主要的是做為薪材或燒成木炭。因為嚼食檳榔子，蕃社種了很多檳榔樹……。*」（2012）。鳥居龍藏也提到他 1900 年 3 月到南部平埔十二社的響潭社時，[18] 觀察到平埔族會種植椰子樹，並會在祭典裡，「*蕃女用椰子製成的杓子舀酒給客人。這種杓子附有樹枝一般的把柄，柄上插滿羽毛以象徵樹葉。*」（2012），而且比較下，「*漢人把椰子樹稱為山過貓，習慣上不喜歡椰子樹。*」（2012）。鹿野忠雄（1946）探討植物與族群遷徙歷史之間的關係時指出：「*麵包樹、番龍眼、臺東漆、絲芭蕉、相思樹及薯蕷這六種植物，在臺灣島原住民族所擁有的同*

17　森丑之助原著，楊南郡譯註，《生蕃行腳：森丑之助的台灣探險》（臺北市：遠流，2012），頁 233-234。

18　鳥居龍藏原著，楊南郡譯註，《探險台灣：鳥居龍藏的台灣人類學之旅》（臺北市：遠流，2012），頁 310-311。

類中不過占極小的部分，但是我以為這些植物所提供的意義卻非常的大。」[19]

戰後臺灣原住民族植物研究

戰後對於臺灣原住民民族植物研究，在研究方法及主題上有下列幾種途徑。（一）質性研究的途徑：以田野調查方式探求植物在當地文化生態系統中的角色、功能及意義；（二）量化研究的途徑：以問卷方式，統計植物在各原住民族內的運用及成為知識來源的過程；（三）文化商品的運用探討：這種方式比較偏好民族植物知識的應用情形，特別是與文創商品結合的實務。三種途徑的代表研究分述如下。

首先，鄭漢文與呂勝由（2000）在《蘭嶼島雅美民族植物》一書中，[20]羅列了達悟族正名前蘭嶼島上九類植物，用途包含食物、服飾、住屋、漁具、祈福、驅靈、醫學、柴薪、飼料、生活用具等，其中特別提到建造大小型拼板舟所需的植物類型如蘭嶼福木、臺東龍眼、蘭嶼赤楠用在船底龍骨；船舷板則使用質地較輕的麵包樹、臺灣膠木等；小葉桑的心材則可以作成木釘；蘭嶼花椒根部白色纖維則作為填補船縫的材質。如此一來，這些植物的使用反映了族人的工藝技術和智慧。

另一個類似的例子見於鄭漢文、王相華、鄭惠芬、賴紅炎撰的《排灣族民族植物》（2004），[21]書中檢視了超過兩百種以上的植物及其族語發音方式。作者指出這些植物與飲食、生活空間、信仰、神話傳說、住居、服飾、

19　鹿野忠雄，〈台灣原住民族於數種栽培植物與台灣島民族史的關聯〉，《人類學雜誌》，1946，56（10），頁 552-528。
20　鄭漢文、呂勝由，《蘭嶼島雅美民族植物》（臺北市：地景，2000）。
21　鄭漢文、王相華、鄭惠芬、賴紅炎，《排灣族民族植物》（臺北市：農委會林試所，2004）。

器物、歲時祭儀、漁獵、育樂、醫療、農業、夢兆及禁忌等面相的關係，例如族人夢到芋頭、番藷、南瓜是獵獲大野豬的吉兆；用擬人方式看待植物，將植物分為雌（vavayan）、雄（uqaljai/ualjai）兩類；許多地名也跟植物有關：如臺東太麻里的羅打結社（lupaqadj）其地名是指過溝菜蕨很多的地方；新吉村地名稱為 vangas，指苦楝的意思。最後，作者們也指出：排灣族與古南島語有不少同源的植物詞語：如樹 kasui/ kasiw、竹子 qau/ qaug、黃藤 quay/ quay、甘蔗 tjevus/ tevus、稻 paday/ paday 等。

其次，學界也有從量化的途徑研究臺灣原住民族植物，以林冠岳（2009）的碩論為例，[22] 他採取量化、搭配質性訪談的方式去了解西魯凱群民族植物傳承情形與變遷，並以（一）魯凱族人觀看植物經驗；（二）使用植物經驗；（三）學習植物名稱與傳統用途學習來源（含中文學習來源、族語學習來源、植物傳統用途學習來源）等面向進行問卷調查及分析，結果發現：族人對植物認識仍侷限在五節芒、番蝴蝶、腎蕨等常見植物；中文名稱學習來源為大眾媒體；族語名稱學習來源為家庭內成員。

最後，部分學者將民族植物相關研究成果轉換為文化創意產業，例如陳合進、陳柏霖（2013）將布農族傳統對於藤、麻、木、竹、獸皮等天然纖維材料，及色彩、圖騰的文化元素運用，轉換成現代背包等文創商品。[23] 這種途徑的研究不僅讓讀者一窺布農族文化內涵，同時也可以延續布農族傳統技藝方式及創造新的活力。

---

22 林冠岳，〈臺灣原住民的民族植物知識傳承與流失：以魯凱族西魯凱群為例〉（高雄：國立高雄師範大學環境教育研究所碩士論文，2009）。

23 陳合進、陳柏霖，〈天然纖維材質布農族文化背包之設計〉，《林產工業》，2013，34（2）：頁 227-236。

卡那卡那富族社會文化介紹

　　卡那卡那富族於 2014 年 6 月被官方正式正名為臺灣第 16 個原住民族群。在此之前，荷蘭時期的《熱蘭遮城日誌》記載為：cannacannavo，1647 年荷領的番社戶口表出現「簡仔霧社」，當時登記有 37 戶 157 人，族內長老曾分別在 1648 年、1650 年、1654 年、1655 年參加北區地方會議，並與周邊的鄒族達邦社與布農族等互有來往。清代史料《臺海使槎錄》翻譯為簡仔霧社及干仔霧社。日治時期佐山融吉蕃族調查報告書仍沿用清朝的用法，稱為簡仔霧蕃。戰後被官方一直隸屬在鄒族的族群分類中，一直到 2014 年後才正式正名為卡那卡那富族。在文獻中曾出現的中文譯音分別有：簡仔霧蕃、阿里山蕃（番）簡仔霧社、或干仔霧（霧）社、卡那布族、卡那卡那布、堪卡那福人等。

表 1-1　那瑪夏區人口統計

村里名稱	戶數	男性	女性	總數
達卡努瓦里	433	881	829	1,710
瑪雅里	217	398	411	809
南沙魯里	193	332	294	626
總計	843	1,611	1,534	3,145

資料來源：高雄市那瑪夏區戶政事務所，https：//cishan-house.kcg.gov.tw/Content_List.aspx？n=A488FD7A8D2F5AAB，截至 2020 年 3 月底止人口統計資料。

本族稱呼「人」為 Cau（曹），自稱 Kanakanavu，目前那瑪夏區人口共計 3,145 人（表 1-1）族人主要集中在高雄市那瑪夏區的達卡努瓦里及瑪雅里，根據官方人口的正式統計資料，目前僅有 301 人，周遭多為布農族，與布農族通婚情況也很普遍。[24]

分布地理位置位於楠梓仙溪兩側，海拔約在 500-900 公尺之間（圖 1-1-1），以農耕燒墾和漁獵生活為主，傳統作物有小米、旱稻、糯稻、番薯、芋頭、玉米等。狩獵為男性為主，狩獵期間為每年秋季至隔年春季間，另外捕魚有刺、網、釣、毒、圍渠等方式。

Cakuru 聚會所是族人重要集會及祭儀場所，主要作為族人祭祀、政事、軍事、教育集會等公共用途，過去嚴禁女性進入，目前在瑪雅里及達卡努瓦里都各有一座 Cakuru。服飾方面：男性服飾包含獸皮帽、大紅上衣、胸袋、腰裙、背心、皮披肩、皮套袖、皮革鞋、獵囊等，一般族人皮帽上插上老鷹羽毛及藍腹鷴羽毛 1-4 根，長老皮帽上可以插 5-8 根，具有鑑別社會階級功能；女性則有耳飾、頸飾、腕飾、胸鏈珠、頭巾、帽子、上衣、腰裙、膝褲等。

卡那卡那富族傳統信仰有 tinaravai 靈界說，其中在右肩者為善靈（incu）；左肩者為惡靈（'ucu）。祭儀部分分為三類：分別是與小米有關的祭儀；其次是獵祭、敵首祭；最後是以家族為單位的河祭。現在族人每年舉行米貢祭（mikong）及河祭。

24　高雄市民政局原住民族人口統計：https://cabu.kcg.gov.tw/Stat/StatRpts/StatRptC.aspx，截至 2020 年 3 月底止人口統計資料，其中包含男性 168 名，女性 133 名，尚未申報者 61 名。瀏覽日期：2020 年 4 月 24 日。

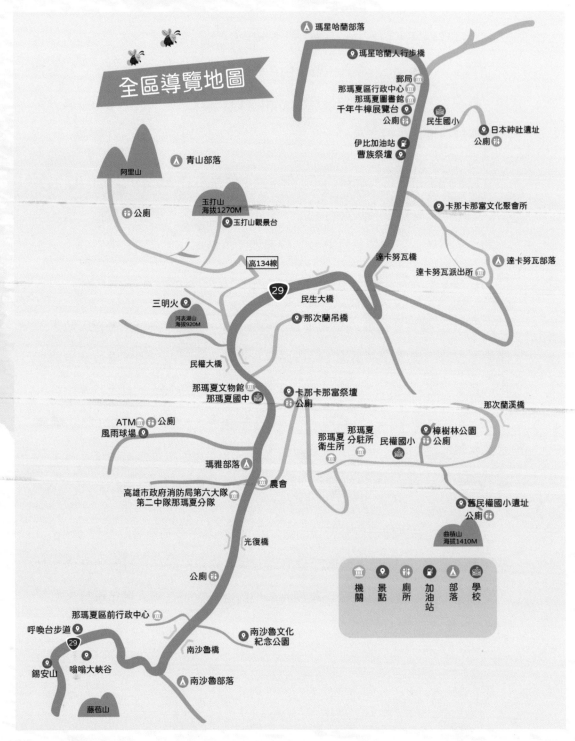

圖 1-1-1　那瑪夏地區全區導覽地圖
圖片來源：高雄市那瑪夏區公所提供，擷取自 2020 年編輯之《那瑪夏導覽手冊》。

章節安排及體例說明

　　本書介紹卡那卡那富族民族植物，相關的田野調查時間為自 2018 年迄今。章節安排方面，第一章為緒論，討論民族植物學的定義及相關文獻研究，另外，撰者說明並介紹卡那卡那富族之地理位置、社會文化背景等。第二至第六章以小米等幾十種卡那卡那富族之民族植物為例，以扼要的語言使讀者得以一窺植物與社會文化間的關係。第七章為結論，歸結上述討論內容作結論，讓讀者理解全書之菁華，並進一步激發讀者對於 Kanakanavu 民族植物的概念及興趣。

一、原住民族羅馬字是以教育部 2005 年 12 月 15 公告之書寫系統做標準。文中族語拼音是照報導人所提供發音為準，若是報導人不確定的部分，才照原住民線上詞典記錄。

二、原住民族委員會公布的正式名稱為卡那卡那富族，族語拼法為 Kanakanavu，文中同時並用羅馬字與官方正式中文族名書寫：Kanakanavu 與卡那卡那富族。

三、原住民族羅馬字記錄方式，一般名詞（例如食物、工具、祭典）是用羅馬字／小寫／正體字呈現；專有名詞（例如族群名、人名、地名、神靈名）是用羅馬字／大寫／正體字呈現。

四、族語羅馬字與華文首次同時並存時，以華文（族語拼音）呈現；第二次出現時，則單獨以華文或族語羅馬字擇一呈現。

五、因族語拼音受時空背景等因素影響，每個時期拼法可能不同，引用文獻時以尊重原作者為原則，書中採用與原作者相同的羅馬拼音呈現。

第二章
草本類
禾本科植物

Vina'ɯ（小米）

中文名稱	小米、粟
族語	Vina'ɯ
學名	*Setaria italica* (L.) Beauvois
科屬名	禾本科（Poaceae）狗尾草屬（*Setaria*）
原產地	臺灣以屏東、臺東、新竹、高雄等地區旱田栽培較多。
分布	栽植在臺灣低海拔較乾旱處。
傳統用途與意義	族人傳統主食之一。神話傳說中，小米是經由地神（Tamu 'ɯnai）將小米種子贈與給族人，族人在小米收成的時候，祭拜地神（Tamu 'ɯnai）並舉辦「米貢祭（mikong）」，慶祝小米豐收祭典而來。

　　小米的 Kanakanavu 族語名稱為 vina'ɯ，是過去族人的主食之一，小米可以直接做成黏糕（pepe），也可以蒸煮成小米飯，更能釀製風味獨特的小米酒。過去，小米提供族人溫飽，族人所居住的地方就會種植小米，在族人們的心中是最為神聖的作物，衍生出豐富的傳說、儀式等文化。小米的由來具有許多神話傳說，據傳小米是由地神（Tamu 'ɯnai）傳授種子給 Kanakanavu 族人，因此族人在小米收成的時候，舉辦祭典「米貢祭（mikong）」，祭拜祖先並慶祝小米入倉儲存。

神話色彩的「傳統作物」

　　小米，又名為「粟」，是 Kanakanavu 具代表性的「傳統作物」，可以炊飯，煮粥之外，還可以用來做傳統食物黏糕（pepe）。小米為一年生草本作物，稈直立、粗壯，高約 60-150 公分，結穗時長約 20-30 公分（圖 2-1-1）。

　　小米生育日數因品種不同而有差別。生育日數 110 天以下者，為早熟品種，111-125 天為中熟品種，126 天以上者為晚熟品種，臺灣之小米品種大都為中熟品種。小米特性是抗旱、耐土地貧瘠的特性，種植小米不必像種植水稻那樣——不需要大量的水源灌溉、不用大量施肥。當小米成熟時，部落可見金黃下垂的小米穗，結實累累，族人將收割後的小米穗，一束一束吊掛於通風處晾乾，儲備以後可食用或釀酒用。

圖 2-1-1　小米結穗時下垂的樣子

小米農作的時間與農事

　　Kanakanavu 種植小米的時間，通常是陽曆 2 至 3 月（Kanakanavu 曆 1 月，大約桃花盛開時）開始種，陽曆 9 至 10 月左右（Kanakanavu 曆 7 月）就收成了，Kanakanavu 和小米有關的傳統農事祭儀非常多，開墾小米田有「開墾

祭（ma'anai）」、播種小米時有「播種祭（mitoalu）」、乃至小米結穗時有「嚇鳥祭 mata-ulu（kaisisipi-kuapa）」。引用林曜同的資料，略述如下：[1]

1. 開墾祭（ma'anai）：Kanakanavu 曆 10 月舉行，通常是上一年收割終了後第三個月舉行開墾祭，主要的農事有伐採、開墾、除去舊田上之殘株。

2. 播種祭（mitoalu）：Kanakanavu 曆 1 月舉行，大多在桃花開時舉行播種祭，主要的農事為播種小米種子。

3. 除草祭（morulabalu）：當田中小米出芽時，進行除草的動作。

4. 拔摘祭、藜出穗祭（kana-koala）：Kanakanavu 曆 4 月舉行，主要的農事有拔摘、疏隔，讓小米植株能長得更茁壯。

5. 嚇鳥祭 mata-ulu（kaisisipi-kuapa）：Kanakanavu 曆 6、7 月間小米初垂下時舉行，為了避免雀鳥等動物，啄食辛苦種植的小米，族人設置嚇鳥響板（圖 2-1-2）於田中，目的趕走雀鳥，保護小米不被損害。

6. 結實祭（umaunu）：小米快要成熟時，祈求小米豐收。

7. 收割開始祭（ala-mia'u）：Kanakanavu 曆 7 月，小米熟成後收割。

8. 收割終了祭（mikaungu）：Kanakanavu 曆 8 月，小米收割後，曬乾儲存。

9. 收藏終了祭（驅疫祭、moa-nivi）：Kanakanavu 曆 9 月，慶祝小米豐收，巫師向天神祈禱，保佑族人身體健康，又叫做驅疫祭。

---

1 林曜同，〈建構、分類與認同：南鄒族 Kanakanavu 認同之研究〉（臺北：國立臺灣大學人類學研究所博士論文，2007），頁 53。

圖 2-1-2　嚇鳥響板，又稱趕鳥器（kɨvɨ）

開墾祭（ma'anai）與播種祭（mitoalu）的歲時祭儀

　　上述傳統農事祭儀可見族人對小米的重視，其儀典背後蘊含的意義，亦代表一年的耕作過程的「歲作週期」。Kanakanavu 曆法不像西洋陽曆精密，在過去沒有曆法的社會，這樣的祭儀具有年歲或季節更替的提醒，什麼時候該做什麼樣的農事，透過這些祭儀提醒族人。這些祭儀當中，目前保留且被族人重視的儀式，以開墾祭、播種祭、米貢祭最為重要。

　　一、開墾祭（ma'anai）：

　　開墾祭、播種祭的相關記載，佐山融吉在大正 4 年（1915）《蕃族調查

報告書》已有概略敘述。而王嵩山等人合著的《臺灣原住民史‧鄒族史篇》，整合佐山融吉（1915）與林衡立（1963）的資料，詳細說明開墾祭的儀式內容：[2]

> 收藏祭終了後就進入新的一年。在新年的第一個月快要結束的時候舉行 ma'anai。屆時，各家的男女於凌晨的時候到開墾預定地（taka-uma-uma）上，找一塊小面積的土地，斬除茅草與清理土地。然後再找三根茅草綁在一起，讓下端分開站立在地上，並用酒灑在茅草根部，祈禱能夠豐收後回家。這一天晚上作夢占，如果是吉夢的話，則第二天再到上述地點進行全區割草。同一天又到舊有田地刈除殘株。

二、播種祭（mitoalu）：

進行時間約有三天，佐山融吉《蕃族調查報告書》概敘播種祭的儀式過程與內容：[3]

> 利用一日的時間燃燒耕地的所有野草。第二天休息。第三天清早，男女一同攜帶少許粟種前往田地，將粟種播在約 6 尺見方的 'umousu（祭田），然後返家。此日不飲酒，次日起，開始全面性的播種活動。

2　王嵩山、汪明輝、浦忠成，《臺灣原住民史‧鄒族史篇》（南投：臺灣省文獻委員會，2001），頁 345-346。

3　佐山融吉著、中央研究院民族學研究所編譯，《蕃族調查報告書‧第三冊，鄒族　阿里山蕃　四社蕃　簡仔霧蕃》（臺北：中央研究院民族學研究所，2015），頁 175。

　　不論是開墾祭，或是小米播種祭，透過祭典儀式，更顯族人對小米祭儀的慎重，儀典背後有其蘊含的意義，透過余瑞明的解說，可深入知道這些祭儀的意涵：[4]

　　　　粟作祭儀的每一儀節之儀禮的象徵的農作與功利的實際的粟作過程互相符合，安排於一耕作歲內，合成一個週期的循環，成為歲時祭儀。……為舉行象徵的農作祭特別闢有祭田 uma-unai。祭田被視作為神聖的地方，與實用的更的完全分開，其面積僅 3 公尺至 4 公尺左右，象徵的農作即在此中舉行。祭田中象徵的農作為實用的耕地上現實的耕作之開端，前者必先一日舉行。

　　由余瑞明的解說，更能理解小米的相關祭典的背後意涵，這些祭儀不是只有儀式，更顯族人對小米的神聖性尊重，透過祭典來凝聚族人，延續全族的傳統文化。

　　對於 Kanakanavu 而言，小米播種祭具有重要的意義，小米播種祭在 Kanakanavu 曆 1 月舉行，可謂是 Kanakanavu 的「新年」。小米播種過程有許多傳統智慧傳承，由族人所發起的「台灣卡那卡那富文教產業發展促進會」為進行族群文化復振工作，開始將小米播種的過程開發一些教案，讓部落的孩子跟著老人家一起學習。以 2018 年小米播種祭為例，由耆老 Mu'u（翁坤）帶領族人舉行播種祭儀，阿布姆邀請族中婦女、以及國中、小的孩子一起參與祭典，學習老人們的智慧，老人叮囑祭儀中的禁忌，讓晚輩們傳承部落的傳統知識。

4　余瑞明編，《台灣原住民曹族──卡那卡那富專輯》（高雄縣：三民鄉公所，1997），頁61。

前文已詳述小米是族人的主食之一，小米的種植不論是哪一個過程，都具有神聖性且代代相傳的禁忌，例如：小米播種過程中，必須安靜、不能亂吃東西、鋤頭等農具不可相互碰撞發出聲音、不能打噴嚏、不能放屁等等禁忌。這些禁忌，顯現族人對小米這項作物的重視，因此播種過程中，態度不能輕浮、隨便，深怕一個不小心，觸犯禁忌，影響一整年的小米生長，導致小米無法豐收。

然而，這些祭儀與禁忌，是老人們的傳統智慧，如果族中後輩沒有傳承下去，這些祭儀與禁忌即將面臨斷層與消失，因此族人阿布娓和婦女們這幾年積極規劃，將小米播種的過程開發一些教案，讓部落的孩子跟著老人家一起學習，讓老人們的傳統智慧得以代代相傳。

有關小米的神話傳說

小米對 Kanakanavu 族人而言，不僅是主食、最具代表性的「傳統作物」，更是神聖的作物。族中流傳一則與小米有關的神話，大正 4 年（1915）《蕃族調查報告書》書中記載一則地神（Tamu 'ʉnai）傳授小米種子給族人的神話傳說，當時佐山融吉調查，在書中描述如此內容──

過去，有一個男性族人因為肚子餓，到野外挖尋山芋等食物，意外挖掘出一個大洞，男性族人好奇往洞內探查看看，偶然遇到地神（Tamu 'ʉnai），地神拿出小米做的麻糬款待男性族人，他感覺美味極了。地神說明麻糬是小米（vina'ʉ）所製做的，因此男子請求地神給他小米種子帶回去種植，地神毫不猶豫答應，給男子各種的種子，有小米（vina'ʉ）、大角豆（nʉpʉʉnʉpʉ）、以及樹豆（naumai）等種子，族人很高興的帶回部落耕種。

男子咬了一口，咀嚼之後，覺得味道很好

《蕃族調查報告書》記載的小米相關神話，描述地神（Tamu 'ʉnai）賜給族人小米種子的過程：

昔時，社裡有個男子，昔日挖掘山芋時，發現愈挖地洞愈大，於是好奇地放了一個梯子，欲探究竟，結果發現洞裡有屋，並住著一位名叫 Tamu 'ʉnai 者。

Tamu 'ʉnai 問這位從地上下來的人說：「你為何跑到這裡來？」男子回答：「我是簡仔霧人，因為沒有東西吃，想挖山芋充飢，不料愈挖掘地洞愈大，於是就走下來看看。」Tamu 'ʉnai 說：「既然如此，就進來我家看看好了。」

男子進屋後，Tamu 'ʉnai 就拿出麻糬來請客。這是男子初次見到麻糬，不知其為何物，直拿在手上看，並說：「稀奇！稀奇！」Tamu 'ʉnai 說：「你就咬一口看看，它叫麻糬，是用粟做的。」

於是，男子咬了一口，咀嚼之後，覺得味道很好，於是要求 Tamu 'ʉnai 給他一些粟帶回去。Tamu 'ʉnai 立刻送給他一些粟（vina'ʉ）、大角豆（nʉpʉʉnʉpʉ）、以及樹豆（naumai）等。

男子回到地上以後，就把那些種子播種下去，今天蕃社才有

這麼多的粟和豆類繁殖著。所以，現在的人在割粟時，都會祭拜 Tamu 'ɯnai。

資料出處：
佐山融吉著、中央研究院民族學研究所編譯，《蕃族調查報告書‧第三冊，
鄒族　阿里山蕃　四社蕃　簡仔霧蕃》，頁 214。

　　由上述神話可以得知，小米除了具有地神賜予糧食的神話傳說，小米這項傳統作物好似「大地之母」一樣，供給族人們溫飽，歸納有關小米的神話意涵，在 Kanakanavu 具有特殊的意義。

　　一、小米是神聖的食物：神話中小米是地神 Tamu 'ɯnai 拿小米做的麻糬給男性族人吃，族人因地神的給予意外得到小米的種子。神話的起源可見，小米尚未傳入 Kanakanavu 之前，族人的傳統主食是山芋或是其他食物，由此可見小米對族人而言，是神賜予的食物，是神聖的食物。

　　二、小米是美味食物：透過神話內容可知，小米做成的麻糬，是味道可口的美食。族人利用小米製作成黏糕，族語稱呼為 pepe ──作法是小米蒸熟後不加其他佐料，捶搗做成的麻糬，就叫 pepe（圖 2-3）。Pepe 平日想吃的時候就可以做來吃，祭典時也會製作 pepe 成為祭品。此外，將小米蒸熟後，加入蒸熟的芋頭或是地瓜、香蕉一起搗爛，做成的傳統食物，叫做 cunuku，族人在打獵或遠行時會攜帶 cunuku 充作乾糧，能維持一、二天長久不壞。

三、小米是珍貴的食物：小米除了當主食食用外，可釀製風味獨特的「小米酒」，小米酒是 Kanakanavu 傳統且十分珍貴的酒類，味道清純帶有特殊香味，顏色呈乳白色，嚐起來酸酸甜甜的，口感與味道非常特別——小米酒平日不會隨便飲用，主要在祭典前才會釀製，於祭典時期飲用。

圖 2-1-3　用小米做成的黏糕 pepe

誰來釀製小米酒

臺灣各原住民族都會釀製小米酒，Kanakanavu 也會釀製傳統的小米酒。過去，佐山融吉曾記錄 Kanakanavu 釀製小米酒的方法，以及什麼時候飲用

小米酒？飲用小米酒前要做怎樣的儀式？在《蕃族調查報告書》中詳細敘述：[5]

> 釀酒：
>
> 煮粟粥，裝入甕中，拿出部分咀嚼後，再混加進去，加蓋密封，
> 約置兩、三天後即成酒。
>
> 飲酒：
>
> 飲酒前，先將手指伸入杯中彈灑（maritamu），表示祭獻祖靈
> 和保護神。同時，祈禱家宅平安、家人無病無災、以及粟穀豐收。
> 數人聚飲時也會各自祈禱。

佐山融吉寫下百年前 Kanakanavu 釀製小米酒的方法，先將小米加水蒸煮熟後，放入酒甕中，取部分蒸熟的小米放入口中咀嚼，再吐到酒甕中，混合口水的唾液酶成分來發酵，靜置三至四天就可以釀製成小米酒。這樣的釀酒法，百年前不僅 Kanakanavu 如此釀製小米酒，其他各原住民族乃至平埔族也是如此釀製小米酒。

但是，《蕃族調查報告書》沒有記載 Kanakanavu 釀製小米酒的「禁忌」，釀製小米酒的過程，有以下嚴格的禁忌，如果違犯下列禁忌，釀製的小米酒會變酸變質，這些禁忌至今仍被族人遵守：

---

5 佐山融吉著、中央研究院民族學研究所編譯，《蕃族調查報告書・第三冊，鄒族 阿里山蕃 四社蕃 簡仔霧蕃》，頁 189。

一、必須由女性釀酒：

Kanakanavu 能夠釀製小米酒的人，一定是族中女性，最好是族中的女性長輩，男性是不能釀製小米酒。請教部落老人 Abus（江朱樹蘭），她雖然是布農族人，年輕時嫁到 Kanakanavu，有關 Kanakanavu 釀製小米酒的「禁忌」，Abus 是延續她婆婆教給她的方法。Abus 描述釀小米酒的禁忌：

> 釀小米酒一定是女生釀酒，男生不能釀酒，甚至釀酒時摘姑婆
> 芋的葉子，蓋在小米酒的酒甕上當成蓋子，也是女生去摘。記得以
> 前也是我婆婆在釀酒的。[6]

釀酒這種嚴格的男女分工現象，族人至今嚴格遵守著，深怕苦心釀製的小米酒，因為違反禁忌讓酒變酸變質。

二、釀酒過程不能讓其他人看見，特別是懷孕的女性：

釀製小米酒的「禁忌」，有一項至今特別嚴格遵守的禁忌，釀製小米酒過程中，必須在屋中比較隱密的小房間釀酒，釀酒過程不能讓其他人看見，特別是懷孕的女性。耆老 Mu'u（翁坤）說：

> 雖然釀小米酒是女生的事情，但是不能給其他人看見，不論是
> 自己的家人或是外人，總之不能被其他人看見，特別是懷孕的人，
> 不然的小米酒會變酸壞掉。[7]

6　闕妙芬，〈Abus（江朱樹蘭）訪談稿〉（2018 年 8 月 5 日，未刊稿）。
7　闕妙芬，〈Mu'u（翁坤）訪談稿〉（2018 年 4 月 23 日，未刊稿）。

　　釀酒時不可被他人看見的禁忌，特別是懷孕的女性，Kanakanavu 至今仍遵守著這項習俗，老人家特別用強調的語氣，訴說這項傳統禁忌，這是絕對要做到喔！

　　三、負責釀酒的女性，不能吃酸性食物，否則酒會變酸：

　　釀製小米酒的過程，還有一項必須嚴格遵守的禁忌，就是釀酒過程，負責釀酒的女性不能吃酸性味道的食物，例如：橘子等味道偏酸的食物。耆老 Paicu（翁范秀香）解釋這項禁忌的原因：

　　　　釀酒的時候不能吃酸的東西，酒會酸掉。因為以前釀小米酒，就是拿小米放在嘴裡嚼一嚼，吐到甕裡發酵，如果吃酸的東西，酒會變酸不好喝。現在有酒麴，沒有像以前那樣，但是釀酒時還是習慣不吃酸的東西。[8]

　　耆老 Paicu（翁范秀香）是 Mu'u（翁坤）的太太，二位都是 Kanakanavu 族人，Paicu 說她的外婆要釀酒前幾日，絕對不吃味道酸的食物，像是橘子、鳳梨等味道偏酸的食物。以前的人口嚼小米來發酵釀酒，據說吃了味道酸的食物之後，嘴裡會殘留酸性食物的酸味，之後再咀嚼小米吐到酒甕中釀酒，連帶會把嘴裡殘留酸性食物的酸味吐到酒甕中，讓酒甕裡的酒變酸，釀出來的小米酒就不好喝了。

8　張懷謙，〈Abus 訪談稿〉（2018 年 4 月 23 日，未刊稿）。

四、釀酒的時間點：

釀製小米酒的時間，大多是配合節慶來釀酒，不會因為自己想喝酒，就隨意釀酒飲用。釀酒的目的是慶祝祭典、打獵豐收歸來、及家族重要聚會，藉釀酒讓族人們慶祝，加上前文提及，小米為 Kanakanavu 珍貴、神聖的食物，相對之下小米酒對 Kanakanavu 而言，也是非常珍貴的飲品，是族人用來慶祝的神聖飲品。

慶祝小米收成入倉——米貢祭（mikong）

上述神話提及，小米是地神（Tamu 'ɰnai）賜給族人神聖且美味的食物，族中最盛大且神聖的祭典，主要以米貢祭（mikong）為主，用意在慶祝小米收成與入倉儲存。

米貢祭（mikong）舉行的時間，大約在陽曆 10 月左右，代表一年的結束，以此慶祝小米收成，並且全族共同在男子會所（cakɰrɰ）舉行。研究團隊於 2018 年 10 月 12 日實際參與米貢祭，位在那瑪夏區瑪雅里的男子會所。祭儀當天，由做好夢的族人登上男子會所點燃塘火，象徵祭儀開始（圖 2-1-4）。

各家族首先進行家族的家祭，準備小米黏糕（pepe）、魚、山肉以及釀好的小米酒等，各家族先將新收割的小米、玉米等作物束懸吊在家屋主柱上，祭祀祖先。各家男丁在家長率領下，帶著小米黏糕、酒、魚、山肉等食物（圖 2-1-5），登上會所獻祭，並且攜帶這些美食，到其他家族的家屋互訪並作為禮物交換。

奉獻祭品以及祭拜儀式之後，各家族返回自己屋取出食物，互訪各家族的家屋，慶祝祭典的同時，也是分享彼此的收穫與獵物，禮尚往來。各家族的家屋門口，都懸掛著一杯新釀的小米酒（圖 2-1-6），進入其他家族的家屋

圖 2-1-4　由做好夢的族人登上男子會所點燃塘火，米貢祭正式開始

圖 2-1-5　米貢祭時各家族準備的食物

圖 2-1-6　家屋門口懸掛新釀的小米酒

前，必須以食指沾上酒往外彈撥，這個動作叫 maritamu，還要唸出祈福的話。

Kanakanavu 的宗教觀，認為萬物皆有靈，在進食的時候會拈一小塊食物沾黏到木頭或石塊上；飲酒之前會用食指沾上酒往外彈撥，用意是與自然界所有的靈分享食物，有祈福庇佑的意涵。各家族互訪的儀式之後，最後由祭祀長向祖先報告今年全族人數，祈求祖先庇佑全族人平安，整個米貢祭儀式結束。

過去，由於 Kanakanavu 人口數少，加上長期和布農族通婚，以及改信基督宗教，米貢祭曾經停辦很長一段時間。近二十多年來，因為政府政策的鼓勵，以及族人自我認同感增加，族人於 2003 年才恢復米貢祭的舉辦，每年全體族人參加這樣的小米祭典，除了凝聚各家族的族人，更讓 Kanakanavu 母語、傳統歌謠，透過祭典舉辦得以延續，促使族人對於族群的自我認同感更具凝聚力。

族人改變傳統飲食習慣

百年前日本人統治臺灣後，日本人強制改種水稻，族人的飲食習慣慢慢由此改變，主食由小米、芋頭、地瓜為主食，變成以米為主食。大正 4 年（1915）《蕃族調查報告書》書中，明確記錄 Kanakanavu 族人反對食用稻米，認為小米祭時食用稻米，地神（Tamu 'ʉnai）會讓糧食匱乏，反而讓部落有荒年缺糧情況產生。引述《蕃族調查報告書》相關記載：[9]

> 本社人忌諱種植稻穀。因從前有人種稻時，惡疫流行，死亡者
> 多。還有，後來每次有人種稻，社內就有人死亡等緣故。

9　佐山融吉著、中央研究院民族學研究所編譯，《蕃族調查報告書‧第三冊，鄒族　阿里山蕃　四社蕃　簡仔霧蕃》，頁 181。

粟能豐收是粟神想要有飯吃的緣故，若是人食米，粟神就缺乏糧食，不會專心留意收成之豐寡，於是造成荒年。所以，粟祭期間不食米。

在政策因素的影響下，陸稻耕種慢慢引進部落後，日本人已經大幅改變族人飲食習慣。到國民政府時期，省政府主要著重於「生產之督導，如指導農業技術之改進」在這項政策之下，當時高雄縣政府為奠定山地農業的基礎，獎勵原住民實行「定耕農業」，特別是推廣水稻的耕作，Kanakanavu 族人紛紛改種水稻——之後族人的飲食習慣已經大幅改變，從小米為主食改變為以稻米為主食。實際訪談族人阿布娪，她也表示族人的飲食習慣是被改變的，阿布娪談及：[10]

其實我們的食物是被改變的。你這個族群如果要被統治、被管理的話，你得要改變，他（日本人）其實是改變你的生活方式。所以我們現在的主食，包含 pepe 和小米酒的原料都已經變成糯米跟稻米，我們現在的主食也是吃米就對了。

訪談中，阿布娪表示，現在年輕的族人受到飲食西化影響，也是大幅改變西化的飲食習慣，阿布娪玩笑的說：

現在小一點的，就是要給他吃「三明治」。真的啊！這事你不要小看，就像我們部落這邊現在有開早餐店，小朋友都去那邊買早餐，買三明治，買蛋餅，你叫他（小朋友）跟老人家一起吃飯，他不要啊！

---

10 闕妙芬，〈Apu'u（江梅惠）訪談稿〉（2018 年 8 月 3 日，未刊稿）。

由此可見，Kanakanavu 族人的飲食習慣受到政策或外在環境影響，已經大幅改變，從日治時期日本人引進稻作，到國民政府來臺後鼓勵族人種植水稻的「定耕農業」，甚至到現在年輕人受到飲食西化影響下，小米不再是族人最重要的主食。甚至在 2009 年莫拉克風災的摧殘下，部落環境受到大規模的改變，過去長滿黃澄澄小米穗的小米田，在部落逐漸消失不見了。

小結

小米（vina'ʉ）是 Kanakanavu 的主食之一，更是代表 Kanakanavu 文化最重要的作物，小米可以成為主食，可以釀酒，在惡劣環境下亦可生長，儲存期長，在族人們的心中是為最神聖的作物，也因此衍生出豐富的傳說、儀式等文化。小米有關的祭典背後隱藏的意涵，例如：開墾祭、播種祭、以及慶祝豐收的米貢祭等，這些祭儀不是只有儀式，透過這些祭儀，讓部落的孩子跟著老人家一起學習，讓老人們的傳統智慧得以代代相傳，更透過祭典，讓傳統的母語、歌謠得以延續，也藉有這樣的凝聚力團結族人，延續全族的傳統文化。

雖然歷經政策影響與環境改變，逐漸改變飲食習慣，但小米對於族人而言，好似「大地之母」一樣供給人們溫飽，然而 2009 年經歷莫拉克風災的重創，族人阿布娪於 2010 年在外部資源協力下，組織達卡努瓦部落工作站的夥伴，邀約耆老並帶著婦女、小孩，再度回到因水災而荒廢閒置的小米田。透過開墾、播種、間拔等農事及儀式，進行創傷療癒、安定的方式，vinaʉo'oma 的復育，把「to'ona tamu」營造出來。Kanakanavu 的日常在長者的引領下，也在每日的生活、勞作中復原回來——在這裡土地與人的共存關係，被復原並被記得、流傳著。

Capuku（芒草）

中文名稱	芒草
族語	Capuku
學名	*Miscanthus*
科屬名	禾本科（Poaceae）芒屬（*Miscanthus*）
原產地	臺灣原生種為五節芒（*Miscanthus floridulus* (Labill.) Warb. ex K. Schum. & Lauterb.）、芒（*Miscanthus sinensis* Andersson）
分布	主要長在低海拔的向陽坡地
傳統用途與意義	具多種用途，可作為建築材料，鋪在屋頂外層，芒草莖（'uring）可綁在一起當成牆面，也可綁成一束當成火把；可當作標記物，標記出今年要開墾的新小米田、舉行河祭時家族的河流段；米貢祭時插在社口、路口，小米播種時插在四周，區隔開不好的東西；也可在河祭時召來魚蝦。

　　小芒草是一般外界的通稱，常會和茅草搞混誤認為是同一種植物。在 Kanakanavu 芒草的族語稱為 capuku，茅草的族語稱為 rʉʉ。Capuku 是具有多重意義的植物，除了用來作為建築材料，芒草莖（'uring）也可綁成一束做成火把，用於照明或取火烹煮三餐，也被使用在祭典及若干生命禮俗上。rʉʉ 除可作為建築材料外，尚具有醫療用途。

傳統建築材料

　　拜訪那瑪夏位於達卡努瓦的大地廚房時，發現用餐區的屋頂很特別，仔細端詳內面為葉片較細窄的乾草，最外層則為葉片較寬大的乾草，其間還穿插著粗粗的枝幹（圖 2-2-1～圖 2-2-4）。經詢問阿布娪才知道，這是 Kanakanavu 人就地取材的傑作。她說屋頂最外層是芒草（capuku）、粗粗的枝幹是芒草莖（'uring）、屋頂最內層葉片較細窄的是茅草（rɯ'ɯ）它有防水的功能；'Uring 除了鋪在屋頂外，還可以將好幾根綁成一束，可以用來取火，尤其以前還沒有手電筒，老人家會把它綁起來，當做照明的火把使用。'Uring 如果夠粗夠好，還可以將好幾根綁在一起做成圍牆（牆面），早期 Kanakanavu 的房子就是這樣蓋成的。[11] Abus（江朱樹蘭）訪談時也提及蓋房

圖 2-2-1　To'ona tamu 一景

11　劉正元、邱碧華，〈Apu'u（江梅惠）訪談稿〉（2018 年 8 月 3 日，未刊稿）。

圖 2-2-2　To'ona tamu 屋頂最外層覆以芒草（capuku）

圖 2-2-3　To'ona tamu 屋頂的芒草莖（'uring）

圖 2-2-4　To'ona tamu 屋頂最內層的茅草（rʉ'ʉ）

子時屋頂要用 rʉ'ʉ 和 capuku，由內而外一層層堆疊而成，'uring 可以綁在一起當成牆壁，[12] 是部落內重要的建築材料。

　　日本人佐山融吉的調查顯示，Kanakanavu 的家屋構造是以 capuku 覆蓋屋頂，也會用來編織成床板、牆壁。他指出：「家屋的構造大致與四社蕃相

12　邱碧華，〈Abus（江朱樹蘭）訪談稿〉（2018 年 8 月 5 日，未刊稿）。

同，……四周則利用 kuaciin 編織而成的牆圍著，有單層的、也有雙層的，稱 'anivi。屋頂稱 'aruvu，以茅草覆蓋……土間的角落設置床鋪，稱 taru。架竹為床腳，編 kuaciin 為床板。」[13] 從文獻上的資料可發現，早在日治時期，capuku 就是重要的建材與床板材料的來源。現在 Kanakanavu 人非常認真在找回屬於自己的傳統建築的工法與材料，在耆老智慧屋就辦過這樣的傳承活動，大家一起學習用 'uring 編織牆面。[14] 經由老人家將 'uring 編織牆面的相關知識、技術傳承給年輕人。

ru'u 還是 kuaciin ？

邱碧華：這個族語是怎麼講？（指放在椅子上的植物），它是

　　　　capuku ？它乾了不……是叫 'uring ？

阿布娪：這個是 capuku。

邱碧華：這個是 capuku，可是它現在是乾的。

阿布娪：capuku 沒有關係啊，中間的這個（手指 capuku 的莖），

　　　　弄成一把才是……'uring。

邱碧華：中間的這個（指莖的部分）是 'uring。

13　佐山融吉著、中央研究院民族學研究所編譯，《蕃族調查報告書．第三冊，鄒族　阿里山蕃　四社蕃　簡仔霧蕃》，頁 186-187。報導人 Abus 告知 kuaciin 是日本話，指的就是 Kanakanavu 人說的 capuku。

14　耆老智慧屋（to'ona tamu）由 Apu'u（江梅惠）在 2010 年成立，目的是傳承傳統技藝，地點位於那瑪夏區達卡努瓦里秀嶺巷 196 號。

阿布媂：就是把葉子都拿掉，然後那個就是 'uring，通常會弄成一把，不管是取⋯⋯火或是那個，然後就是這個就是 capuku（手指屋頂上葉子較粗大者）。

邱碧華：所以它是蓋在最上面，capuku 蓋在最上面。

阿布媂：然後它是一層一層。

邱碧華：這個族語叫做什麼？（手指屋頂的最內層，葉子較細小的）。

阿布媂：我忘記它叫什麼？

邱碧華：Rʉʉ 還是 kuaciin？

阿布媂：應該是 rʉʉ，我要再確認啦。你知道為什麼原住民，它的形狀會這樣？因為它就是每一年一層一層這樣放，然後是用這個茅（指 rʉʉ），然後 capuku、然後 'uring 啊，我們儀式就是用 capuku。

阿布媂：它（指 'uring）的用法有兩種，我們以前取火的時候，然後那個是夠粗夠⋯⋯好的，其實它也會做我們的那個，類似這種（手指旁邊的牆面）的牆壁，是早期的啦。做那個牆壁就是一堆綁起來，我這邊有那個照片，因為我們有學做，所以它其實也會變成我們屋子的那個圍牆。

邱碧華：牆壁的外圍？

劉正元：它旁邊還是用木頭或竹子把它？就先架好然後把它插上
去？

阿布姆：沒有、沒有，那個是綁好然後放上去。

劉正元：那整個只是圍籬的作用這樣？

阿布姆：那是我們的牆啊！

劉正元：喔！就是這種。

邱碧華：就沒有竹子對不對？

阿布姆：它還是會有間隔。

劉正元：所以簡單的講 'uring 有兩個作用，一個是剛剛講的當這個
圍牆，應該有三個啦，然後放在房子上面的屋頂，第三個
是出去如果要引火的時候。

阿布姆：取火用的，因為我們沒有手電筒什麼的，我記得以前老人
家會把它綁起來，然後就當火把。

劉正元：就一束，可是那不是燒得很快嗎？

阿布姆：也不會 neh，也是很快，可是至少可以走一段路。

資料出處：
劉正元，邱碧華，〈Apu'u（江梅惠）訪談稿〉（2018 年 8 月 3 日，未刊
稿）。

Cakuru 的重要建築材料之一

陳英杰、周如萍研究指出 Kanakanavu 的男子會所（cakuru）也需要以茅草作為建材，他們指出：「本族的男子會所的建築為原住民常用的『干欄式』建築，採高架無牆型式，屋地板面離地約 1 至 2 公尺，左右各有一木梯以供上下，屋頂上覆以大量茅草遮蔽，屋中有一盆火，在祭儀時會點燃使用。」[15]

另外，林曜同 2006 年參與整個 mikong 祭典的過程中，提及族人去採集茅草，建造男子會所（cakuru）及家屋：[16]

> 9 月 13 日舉行 cakuru 開工儀式，……接下來約二十幾天中，由民生村與民權村二、三十位從 10 幾歲到 70 歲的 Kanakanavu 人分工投入進行文化祭祀廣場的興建工作，包括採集建造 cakuru 和各家屋的小屋等的建材（如，木材、茅草、黃藤與竹子等）。族人希望此次 cakuru 的建造形式能夠盡量恢復傳統面貌，因此除了請耆老回憶年輕時曾看過的 cakuru 造形之外，還從文獻中找出拍攝於 1916 年左右的河表湖社的祭壇／男子會所「札格勒」cakuru 照片，作為範本。

原本鄉公所在 1994 年開始要恢復 mikong 時，即用水泥建了一座，在族人眼中不像傳統的 cakuru，反而像涼亭的建築物，所以在 2003 年時將其

---

15 陳英杰、周如萍，《卡那卡那富部落史》（臺北：原住民委員會、國史館、國史館臺灣文獻館，2016），頁 257。此處提及的茅草，撰者在田調過程中比對訪談老人家的資料後，顯示指的就是 capuku，但中文名稱時而出現芒草，時而出現茅草等不同的譯名。本段文字中茅草、芒草都是指 capuku。

16 林曜同，〈建構、分類與認同──「南鄒」Kanakanavu 族群認同之研究〉，頁 147。

拆除，重新根據老人家的回憶與
1916 年的河表湖社的 cakuru 照
片作為範本，在老人家的指導下，
年輕一代與中生代一起來參與，
在部落裡就地取材，採集所需的
建材，其中 capuku 一定是必備
的材料之一（圖 2-2-5），族人

圖 2-2-5　2018 年 mikong 時 cakuru 旁的家
　　　　　屋，屋頂覆蓋著 capuku

憑自己的力量依照傳統，蓋回屬於 Kanakanavu 的 cakuru。

Capuku 是標記也是區隔

　　這塊土地有人預約要開墾了嗎？ Capuku 告訴你。佐山融吉指出：
「Ma'anai（初耕祭）……第一天，男女一大清早前往本年度預定耕作的粟田
處，割除些雜草，並於田地中央插立芒草。通常插立的芒草葉，會打上十字
結的標記。」[17] 早期小米田是在不同的區域輪耕著，而且土地是大家所共有、
共享的。老人家回憶過往的情況，當族人找到適合的地方，不會立刻開墾，
而是先用芒草插在四個周邊，打十字結做記號，別人也知道這個地方，已經
有某一家、某一個人，他已經預訂了，他要種小米。[18] 陳英杰與周如萍的調
查中談到 Kanakanavu 族人如何在 2010 年重現米貢祭的復振過程：首先在
祭典前先找一塊有茅草生長的土地（這樣的土壤也適合小米生長），隨即在

17　佐山融吉著、中央研究院民族學研究所編譯，《蕃族調查報告書·第三冊，鄒族　阿里山蕃
　　四社蕃　簡仔霧蕃》，頁 175。

18　林曜同，〈孔岳中口述：卡那卡那富田調訪談稿〉（2012 年 9 月 17 日），未刊稿。

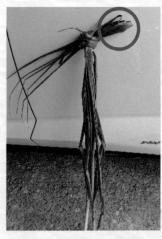

圖 2-2-6 紅框為指示方向　　圖 2-2-7 紅框為指示方向

小米田預定地插芒草做記號，再用芒草插樹枝，標示出開墾範圍，接著種下小米、芋頭及甘蔗各兩株，然後在試種區域四周以芒草綁成 X 狀，防止不好的靈及動物進來破壞，等待試種的小米、芋頭、甘蔗發芽後，全家人才開始播種小米。[19]

　　另外阿布媿也曾提到 capuku：「以前會有指標指路，只是那個綁法我不知道，或者是往那邊，所以它還是有指路的意義。」[20] 由此我們可知 capuku 還具有指標的用途，並不單純用在指出開墾的範圍而已。2019 年 9 月訪談翁博學時他親自示範了 capuku 作為指標指路的綁法——他說在行進時為了讓族人知道行進的方向會將 capuku 的葉子打結，結的頭所指的方向即為正確方向（圖 2-2-6），只要照著走即可；另外遇到岔路時，則直接砍 3 至 4 根 capuku，將莖的前方指向正確的那條路即可（圖 2-2-7）。

19　陳英杰、周如萍，《卡那卡那富部落史》，頁 263-264。
20　劉正元、邱碧華，〈江梅惠訪談稿〉（2018 年 8 月 3 日，未刊稿）。

圖 2-2-8　capuku 打結插成 X 狀，　圖 2-2-9　河祭時以 capuku 做記號，標示捕魚河段
標示範圍且通知不好的
東西不要進來侵擾

2018 年的 2 月 28 日，部落舉行小米播種祭，祭典前事先準備了要保種的芋頭、葛鬱金、玉米、樹薯等傳統主食類的植物，另外還有甘蔗、鳳梨——當然不能忘了主角小米種子，還有做記號的新鮮 capuku 數根（雙數）。播種前先將 capuku 插在小米田（圖 2-2-8），就是播種區標記，另一個用意是通知不好的東西不要來侵擾。訪談中 Na'u（江秋美）還提及，早期部落裡各家族舉行河祭時，也會在選定的河段插上一根 capuku 做記號，以公開告知這河段已有人選定（圖 2-2-9）。[21]

走，到標示過的地方開墾！

2010 年後面對八八水災重創後百廢待舉的部落，當時「達卡努瓦工作站」和「台灣卡那卡那富文教產業發展

21　邱碧華，〈江秋美訪談稿〉（2018 年 4 月 23 日，未刊稿）。

促進會」重建團隊，為凝聚因水災流離失所或返鄉的族人，邀請長者回到已荒廢的小米田，希望透過復耕、播種祝福的儀式，進行集體創傷的療癒。

除了安定在地重建的生活節奏外，更期待小米豐收後的米貢祭（mikong）可以在災後重拾族群復振的火苗。米貢祭其步驟大致如下：首先播種小米：找塊田標示（做記號）、開始砍草、燒茅草、先在一小塊田地試種，檢視發芽狀況、認為土地肥沃適合種植，則開始播種小米。第一，首先由每家先派一人（通常是家長），出去尋找一塊適合開墾作為小米田的地方。開墾時不找有樹木的地方，意思是不破壞森林，愛護森林；專找有茅草生長的地方，這種土壤適合小米生長，找到之後用茅草把葉子捆成球狀，然後找樹枝如同小鋤頭型），插到茅草球，並用茅草莖指示箭頭方向，以標示哪些範圍是我們要開墾的地方。第二，標示完畢之後就回家，等待家人中作好夢。如果家中有一位做好夢，那個人就帶領全家人，說：「走，到標示過的地方開墾！」到達標示地之後，全家人開始砍茅草。一般工作的範圍，要視一家人的能力多少，直到累了才停止工作。第三，砍完草後，回家等待幾天後，等待所砍的草乾了，就隨即燒掉。第四，草燒完之後，隔日先整理一小塊

地，先試種小米、芋頭、甘蔗各二株，完成後將四周做好
叉子狀（ｘ型標示），以防止鬼及動物進來破壞；完工後休
息！並吃所帶來的便當（煮熟的芋頭）、喝水（竹筒裡的
水）；吃完後收拾東西沿原路回家，等待所試種的小米、
芋頭、甘蔗發芽。

資料出處：
陳英杰、周如萍，《卡那卡那富部落史》，頁263-264。
說明：
作為標示區隔作用的應為芒草，而非茅草，此段原文中均誤植為茅草。

重要祭儀不可或缺的避邪物

在 Kanakanavu 重要祭典，capuku 也是不可缺少的避邪植物。林曜同親
自參與 mikong 的經驗描述，在 mikong 當天，族人會在社口綁芒草將它們互
相打結，叫不好的東西不要進來：[22]

筆者於 2003 年 8 月 22 日參與在民權村舉行的 mikong 為
例，其儀式進行過程為：……每一家的祝福完成之後，長老返回時
cakʉrʉ，緊接著進行結芒驅疫 maru'anivi，族人帶著火把與芒草到
聚落 tanasan 入口綁芒草，將它們互相打結。再來，各個家族會把
家中的雞牛羊等家禽、家畜，都叫到家屋裡面。在 Kanakanavu 的

22　林曜同，〈建構、分類與認同──「南鄒」Kanakanavu 族群認同之研究〉，頁141-142。

信仰裡面，認為大地裡面有各種精靈 incu，有好的也有壞的，這些 incu 應該是跟人類分開的，所以族人會在村落裡走一圈，到了入口，把芒草打結起來用意就是要 incu 不要進來。

孔岳中也表示在進行 mikong 之前，要在 cakʉrʉ 周邊插上當日現摘新鮮且已打結的芒草，標示出祭典的範圍，區隔開人與靈的界限。

在 mikong 之前，在 Kanakanavu 的部落，我們還要做一個，插那個芒草。那我們現在因為已經大家都混居在一起，所以我們在 cakʉrʉ 周邊插芒草，要新鮮的，當天摘下來的，那個砍下來的 capuku。在 cakʉrʉ 的周邊插上去。它的含意是什麼？我們古老的說法，capuku 你插在那個地方，Kanakanavu 的人給它打結了，好，告訴眾靈們，因為我們相信，我們古老的那個說法，所有的地方，所有的土地，都有它有它的，有靈界的那個。我們概念就是說，好，這個地方，我要舉行我們祭典啊，你不要來干擾我。這個周邊，我要做這個祭典，你不要干擾我的意思。[23]

由夢好的人帶頭去繞村子

Noo teci mikongia makasuasua sipotokeekiu'u mamaarang miana.

以前老人家豐年祭的做法是這樣

23　林曜同，〈孔岳中口述：卡那卡那富田調訪談稿〉（2012 年 9 月 17 日）。

Muukusapa na taru'anni.

去他的工寮

Umavicitia siacapain taapi avurai maamia.

帶東西背籃不管是裙子

Tavuku, tacaapeni vin'ü na taping, tasiacapen uma'umu.

到工寮放小米的地方背東西

Nuu matirüpangüciia aripaningin kee.

（從工寮）做完拿出來

Maaracu uringi. Cumarücü katarutarupu,masücükücükün kee.

拿茅草削成尖尖的

Taatapiningeni, anivi ka si'inüvenisii siia, mamaaran mianaia paason sii ka'an kansua.

插在牆壁門前

Tia mu'aravang 'inia sua avar'ai maamia sua tumatantani'ura'ü'inia sua cikiringa,tia tumatantani'ura'ü kööna.

以前的老人說 這個記號是不讓全部的動物破壞

......

Nuu matirüpangüciu kaisiisi na caküürüia,

在聚會所 祭拜完了以後

Turupangüci kaisiisi na caküarüia, avurai pusuroovuia nu matirüpangücia

祭拜完了以後就在那邊跳舞

Sua sasaronia sikinuman.

男人帶刀

Nu'unen pangarüia müükürü pangarü mata nantu. Suaisuaia

pati'uriningi sua mamanüng ücüpini.

如果有祭典用的小刀一定要　小刀和獵槍

Tia aratakarü mu'uru'uru taküsürüna tanasan avarai maamia

由夢好的人帶頭去繞村子　不管所有

iikiraravara'ia pasücüküncükün ke uringi niirurupasun

nikamanünga

把茅草削尖做 uringi 插在叉路

Uringi nikatarutarupua pasacükücükünke na ikiraaravara.

插在叉路

Sii ka'an kantia puatarasün keesua cauaka avarai maamia

'apununang.

不管壞人還是魔鬼不讓他進去

資料出處：
蔡恪恕，〈原住民族語料與詞彙彙編　南鄒卡那卡那富語期末報告〉（臺北：行政院原住民委員會委託，2001）。

說明：
1. 蔡恪恕當時所採用的族語拼音 ü，2005 年教育部所頒定的族語拼音系統已經修訂為 ㄩ。
2. 根據文中出現族語 uring 一詞判斷此處中文翻譯成茅草應為誤植，實際所指為芒草。

　　河祭是老人家常提及的祭典，近幾年順應生態保育與觀光行銷，進一步發展成為 Kanakanavu 的特色祭典，傳統的河祭是家族活動，現在已逐漸成為部落集體的祭典活動。河祭當天，女士在家事先把芒草葉打結，立在男人往溪流經過的路旁，主要是用來避邪趕鬼。[24] 訪談中 Na'u（江秋美）還提及，早期部落裡各家族舉行河祭時，也會在選定的河段插上一根 capuku 做記號，以公開告知這河段已有人選定。[25] 根據林曜同的記載：[26]

> 根據「台卡協會」2006 年 10 月 13 日接受鄉公所委託，承辦當年河祭活動時所提供的資料，……祭司手裡拿著一束芒草對著潭面左右擺動施法，口中並念誦咒語，引渡河神，接著祭司將米粒含入嘴中咬碎吐在手心上，撒在溪潭內，希望魚群快來覓食並長大肥壯……。

　　上述兩則文獻，清楚的顯示出 capuku 在 Kanakanavu 的祭典裡，不止是單純避邪的功用，在河祭時還可用來施巫術。

生命禮儀

　　Kanakanavu 早期是如何為新生兒斷臍呢？佐山融吉提及：「*婦女分娩之際，不忌諱男子在屋裡。孕婦以木棍為杖，彎腰生產。臍帶是利用削成小刀型的 kuaciin 割斷，切割處不結紮。*」[27] 由上述可知削尖的 capuku，就如同現

24　陳英杰、周如萍，《卡那卡那富部落史》，頁 291。
25　邱碧華，〈江秋美訪談稿〉（2018 年 4 月 23 日，未刊稿）。
26　林曜同，〈建構、分類與認同——「南鄒」Kanakanavu 族群認同之研究〉，頁 135-136。
27　佐山融吉著、中央研究院民族學研究所編譯，《蕃族調查報告書・第三冊，鄒族　阿里山蕃

今銳利的臍帶剪一般可割斷臍帶。林曜同的調查中，還提及新生兒出生的第三天，母親會特地將新生兒抱到戶外，由父親將 capuku 綁在嬰兒的衣角，為的就是祈求外出時，能不被邪氣所侵犯：「母親於小孩出生後兩天內不外出，第三天早晨，母親就抱著孩子到戶外，而父親則用芒草綁在幼兒的衣角上，並祝禱說，今後外出，不要被邪氣所侵犯，永保健康。」[28]

Samingaz（藍林鳳嬌）在訪談中提及，部落內有人過世舉行喪禮時，除了會在門口灑下燒過的木炭灰燼驅邪，還必須將新鮮的 capuku 打結放在門口避邪。[29]

灰，灑在門口

劉正元：那有沒有，人過世要放什麼避邪這樣？

Samingaz：用石灰還有那個。

受訪者：是燒火的那種石灰（指燒過的灰燼）。

受訪者：芒草 capuku。

邱碧華：喪禮的時候嗎？

劉正元：芒草 capuku 會放在哪裡？

四社蕃　簡仔霧蕃》，頁 196。

28 林曜同，〈建構、分類與認同──「南鄒」Kanakanavu 族群認同之研究〉，頁 168。

29 劉正元、邱碧華，〈Samingaz（藍林鳳嬌）、Humhum（謝林春里）、Uva（施彭梅）訪談稿〉（2018 年 4 月 22 日，未刊稿）。

Samingaz：放在那個門外避邪。

劉正元：門外，要不要綁十字的結？

Samingaz：要。

劉正元：要，也是要綁，幾束？

Samingaz：兩束。

劉正元：都要雙數？

Samingaz：對。

劉正元：擺門口的兩邊？這意思是什麼？灰放在哪裡？

受訪者：驅邪，灰，灑在門口。

劉正元：要不要放鹽巴？有沒有放鹽巴？

受訪者：以前是老人家，用木炭的灰，燒過的。

邱碧華：木炭的灰，燒過的。

劉正元：那個茅草叫什麼名字？跟小米播種祭那個茅草一樣嗎？

受訪者：ʼuring 新鮮的那個。

劉正元：要不要曬乾？

受訪者：不要。

劉正元：不要曬乾，一定要新鮮的，當天摘的嗎？

Samingaz：那個不是 ʼuring 是 capuku，是新鮮的叫 capuku，ʼuring

　　　　　　是根（按：莖）。

劉正元：喔！是 capuku。

資料出處：
劉正元、邱碧華，〈Samingaz（藍林鳳嬌）、Humhum（謝林春里）、Uva（施彭梅）訪談稿〉（2018 年 4 月 22 日，未刊稿）。

小結

　　部落裡生長茂密的 capuku，它不只是自然生態的一部分，也是 Kanakanavu 日常所需，更是祭儀不可或缺的重要民族植物。部落裡需要整建家屋、整修 cakʉrʉ 時，會邀集族人共同協助，一起採收 capuku，趁新鮮時鋪蓋在屋頂上。開墾小米田前會先用 capuku 做記號、標範圍，以隔開不好的東西；每年的河祭，祭司會在河面上左右搖擺 capuku，以召來剛好足夠的魚，在離去時還會擺在大石頭上，用小石頭壓著來標記今年的捕魚區；部落裡最重要的 mikong 祭儀，會用綁成一束的 'uring 來點火，還會在社口綁上新鮮 capuku，通知眾靈，此處要舉行祭典，請他們不要進來。'Uring 平日可當成火把用來照明，也是日常煮食取火工具，在婦女分娩時，將其削尖就是切割臍帶的刀具；舉行喪禮時必須將新鮮的 capuku 打結放在門口避邪。Capuku 和部落的生活幾乎是密不可分，絕對是 Kanakanavu 不可或缺的民族植物之一。

To'omaang（竹子）

中文名稱	竹、竹子
族語	To'omaang
學名	Bambusoideae
科屬名	生物學分類主要為禾本科（Gramineae）植物
別名	目前全世界的竹類有約 1,200 類，以臺灣常見的麻竹、桂竹為例，麻竹別名大綠竹、甜竹、巨麻竹等；桂竹別名桂竹仔、臺灣桂竹、花斑竹、霉季竹等。
原產地	主要分布於華南、緬甸和臺灣等熱帶、亞熱帶地區
分布	臺灣各地均有栽種，分布海拔 100 至 1,500 公尺山區
傳統用途與意義	麻竹或桂竹均可作為屋宅的建材，Kanakanavu 用來建蓋屋頂或是外牆籬笆。各種竹子的竹筍，可作為菜餚，也可製成筍乾販售。此外，有一說法宣稱，Kanakanavu 族名源自於麻竹「kanavunavu」，意思是「屬於或住在麻竹林區的人」。

　　說到「竹子」這項植物，是 Kanakanavu 族語中，最多詞彙與「竹子」相關，整理出有關竹子的詞彙，例如（表 2-3-1）：

表 2-3-1　卡那卡那富族族語中的竹子語彙

	中文名稱	族語名稱
1	竹子（總稱）	to'omaang
2	麻竹	kanavunavu
3	桂竹	kapani
4	刺竹	to'omaang nipokinti
5	竹筍	cuvu'u
6	做竹掃把的細竹	kapani ma'ura
7	大的竹子	kapani taatia
8	竹籜	rangapin
9	竹筒	pupunga
10	拉繩式趕鳥器	kʉvʉ

　　由表格可以看出，竹子對於 Kanakanavu 族人而言，是非常重要的植物，族人生活離不開竹子，粗大的麻竹可以用來作為房子的建材，竹筍可以食用也可製作筍乾販售。以前沒有自來水的年代，竹子可作為水管自山上導引溪水到部落中成為日常生活用水，其餘的生活用品如竹筒、竹杯，乃至小米田中的趕鳥器等，皆用竹子來製作。因此，Kanakanavu 老人們述說一句話：「族人過去如果沒有種竹子，生活會過得很苦！」[30] 過去物資不豐盛的年代，許多生活物品就地取材製作，日常生活若缺乏竹子，生活自然不便利，當然會很苦啊！

30　闕妙芬，〈Mu'u（翁坤）訪談稿〉（2018 年 8 月 5 日，未刊稿）。

族人的生活離不開竹子

前段提及，Kanakanavu 族語中與「竹子」相關的詞彙非常多，這些詞彙中，有許多與生活用品有關，選擇幾項具代表性的詞彙解說：

一、麻竹「kanavunavu」：

麻竹對 Kanakanavu 族人而言，是極具代表性且非常重要的作物，麻竹的族語名稱是「kanavunavu」，不論拼音或是念法都和族名 Kanakanavu 非常接近，宣稱 Kanakanavu 的族名由來，就是來自麻竹。《卡那卡那富部落史》有段資料就是說明族名由來與竹子有關：[31]

在部落內最常見的經濟本土作物就是遍目所及的竹子，部落內有許多族人都將筍子製成筍乾運到外地販售。耆老孔岳中表示，卡那卡那富一名的由來，可能就是指涉竹子很多的意思，他表示：

「我在十幾年前也有問過老人家，我們為什麼叫做 Kanakanavu？他先是愣了一下，後來他告訴我，試著想竹子的名稱，那瑪夏出產 kanavunavu（桂竹）[32]，kanavu，意指住在桂竹附近的人，Kanakanavu 可能就表示住在桂竹很多的地方。」

上述孔岳中宣稱族名起源的說法，確認麻竹對於族人日常生活而言十分重要。孔岳中以語言構詞的角度，更深入解說 Kanakanavu 的族名由來，是

---

31 陳英杰，周如萍著，《卡那卡那富部落史》，頁 130-131。
32 此處孔岳中說的資料應有訛誤，「kanavunavu」指的應是「麻竹」而非「桂竹」。

與竹子有關，例如：麻竹的族語「kanavunavu」族名 Kanakanavu 非常相近，而「kanavunavu」的語詞分析，navu 的「前綴」ka- 有「住或屬於」的意思，而此句的「詞根」-navu 又與本族語麻竹「kanavunavu」的詞根 -navu 完全相同。

Kanakanavu 族名由來：孔岳中說法

孔岳中曾在原住民族電視臺播報 Kanakanavu 族語新聞時，提到 Kanakanavu 的族名由來，與麻竹「kanavunavu」有關——

本族長老們也曾經討論這句話的源起，還沒有一致的說法。其中有一種說法稱與竹子有關，或許比較接近。

若從語言習慣分析，有以下的解讀，Kanavu 的「前綴」ka- 有「住或屬於」的意思，而此句的「詞根」-navu 又與本族語麻竹「kanavunavu」的詞根 -navu 完全相同。

所以就有以下的推論，當本族人逐漸形成一個聚落時，很可能是住在麻竹林區，為了區辨我群與他群，就自稱 Kanavu，即「屬於或住在麻竹林區的人」。本族的語言習慣當使用重疊詞時，可以表達複數或多數，因此我們

就自稱 Kanakanavu 族，這些是目前的說法。

資料出處：
原住民族電視臺，〈卡那卡那富名稱來源〉。資料檢索日期：2018 年 10 月 1 日。網址：http://titv.ipcf.org.tw/news-37893。

　　麻竹特色是叢生（圖 2-3-1），竿高可達 20 至 30 公尺，竹竿直徑約 20 至 30 公分粗，竹節堅硬且不易劈裂，加上竹竿高直的特色，是作為屋宅的樑或柱主要建材。麻竹竿直徑粗厚，因此族人常擷取一小段麻竹竹竿，作為竹筒、竹杯等日常用品。

圖 2-3-1　達卡努瓦里的麻竹叢

麻竹筍甜份高，故別名也叫做甜竹，麻竹筍體型是竹筍類別中最大，重量可達 3 公斤，它的外型呈圓錐狀，筍殼帶棕黃色，竹筍嫩時清甜爽口，族人常採摘可供食用，夏季的 6-8 月為竹筍盛產期，吃不完的麻竹筍族人會製成筍乾或桶筍保存或販售，是 Kanakanavu 早期重要的經濟作物之一。

二、桂竹「kapani」：

桂竹和麻竹相比，較為細小，桂竹竿高 8 至 22 公尺，竿徑粗約 5 至 14 公分，竹竿幼時有粉綠色光澤，老化後竹竿成棕綠色。桂竹對 Kanakanavu 族人而言，民生用途很廣，舉凡食用、編織、建築、生活用品等皆可利用——如族人會利用桂竹的細竹枝（kapani maura），綁成整捆後做成竹掃把。桂竹雖不如麻竹粗大，但彈性比麻竹佳，因此竹竿能夠作為屋頂或是外牆建材，例如 Kanakanavu 的男子集會所 cakʉrʉ，屋頂就是用桂竹與茅草搭建而成，而達卡努瓦祭壇的各家族家屋，外牆就是以桂竹搭建而成（圖 2-3-2）。

桂竹竿因為彈性佳，族人也會將竹竿劈成細竹條後，編織成竹揹籠（tapi）、竹簍（sopo）等用品。桂竹筍因為纖維較多，採收後容易老化，族人除了自己食用外，也會加工製成桶筍、筍乾、筍絲等。另外，桂竹竿內壁有薄膜，族人也會用來做竹筒飯、或裝盛風味餐菜餚的容器，具有原民風格與特色。

三、竹籜「rangapin」：

大多數人面對「竹籜」這一個名詞可能很陌生，「籜」的讀音同「拓」，竹籜簡單來說就是筍殼。竹筍外面有層層包裹、似葉又不似葉的構造稱為竹

籜，它是用來保護幼嫩竹筍的，當竹子長大，竹節變長，竹籜包覆在竹竿上，自然就會脫落（圖 2-3-3）。

竹葉和竹籜，Kanakanavu 族人們拿來當成餐盤或包裝用紙。特別是竹籜，因為它不沾黏的特性，族人在米貢祭時用來裝盛小米黏糕（pepe）、魚和山肉（山上狩獵捕獲的獸肉）等。2018 年的米貢祭，現場觀察各家族以竹籜裝盛小米黏糕（pepe）、魚和山肉，先在家屋中進行祭祀，之後拿竹籜裝盛這些美食，到其他家族的家屋互訪並作為禮物交換（圖 2-3-4）。米貢祭中，也有族人用香蕉葉或姑婆芋葉，裝盛美食來作為禮物互換，族人可謂運用祖先傳統智慧就地取材。

四、竹筒「pupunga」：

竹筒的族語為 pupunga，但是 pupunga 不是一般提水用的竹桶，是祭典中用來裝小米酒或是水的容器，

圖 2-3-2 達卡努瓦里拍攝的家屋，外牆以桂竹搭建而成

圖 2-3-3 從竹竿上脫落的竹籜

圖 2-3-4 米貢祭時族人利用竹籜裝小米黏糕（pepe）、魚和山肉

如米貢祭時，各家族用 pupunga 裝小米酒，倒酒在竹杯裡給來訪賓客飲用（圖 2-3-5）。

圖 2-3-5　米貢祭吊掛在家屋外的竹筒 pupunga

pupunga 的製作方式，擷取一段約 40-50 公分左右的麻竹，以刀片刮去青色外皮的部分，上方鑽兩個孔洞，以細竹條或細藤條當作提繩穿過孔洞，變成為可提或是可掛的竹筒 pupunga。此外，小米開墾祭用

圖 2-3-6　小米播種祭長者用 pupunga 裝水喝

pupunga 裝小米酒，在小米田奠灑祭酒，祈求這塊土地開墾後能豐收。

除了小米開墾祭會用到 pupunga，開墾祭之後的小米播種祭也會用到 pupunga。不同之處，是小米播種祭在墾田播種工作完之後，族人會在田邊用 pupunga 裝水來喝（圖 2-3-6），因為播種祭當日不能飲酒。

只能喝水，不能喝酒

《臺灣原住民史　鄒族史篇》記述 Kanakanavu 小米開墾祭的過程：

> 找一小塊面積土地，斬除茅草與清理土地…並用酒灑在茅草根部，祈禱能夠豐收後回家。

《蕃族調查報告書》內容說，小米播種祭在墾田播種工作做完之後，族人當日不能飲酒，反而會在田邊用 pupunga 裝水來喝，引述相關記載：

> Kanakanavu 小米播種祭在田邊喝水象徵完工後休息，等待所種的作物發芽。雖然儀式當日不喝酒，是因墾田播

種工作而不能喝酒，但開墾祭過程嚴肅且具神聖意義。

資料出處：
王嵩山、汪明輝、浦忠成著，《臺灣原住民史‧鄒族史篇》，頁346。
佐山融吉著、中央研究院民族學研究所編譯，《蕃族調查報告書‧第三冊，
鄒族　阿里山蕃　四社蕃　簡仔霧蕃》，頁214。

五、拉繩式趕鳥器「kʉvʉ」：

使用趕鳥器 kʉvʉ 是 Kanakanavu 的文化特色之一，當小米剛結穗時，族人擔心鳥雀來啄食小米，趕鳥器做成之後設置在小米田，拉動繩索牽引竹管和木板發出聲響而驅趕鳥類，藉此保護小米田免受鳥類啄食。因此在 6、7 月舉行「嚇鳥祭 mata-ulu（kaisisipi-kuapa）」，竹子是製作趕鳥器的重要材料之一，材料是截取 30 公分左右的竹管七根，以細竹條或麻繩將竹管串聯起來，另外準備二塊木板，一塊木板作為響板（kʉvʉ），另一塊木板作為搖板（kaupu），並且在木板上綁上一段 50 公分以上的繩子，拉動繩索時，竹管和響板碰撞（kʉvʉ）發出清脆的聲音，達到驚嚇雀鳥的功用（圖 2-3-7）。

「嚇鳥祭 mata-ulu」進行嚇鳥的儀式，目的保護小米田免受鳥類啄食，讓辛苦的耕種成果得以保障，也變成 Kanakanavu 的文化特色之一。

圖 2-3-7　趕鳥器 kʉvʉ

Kanakanavu 與竹子的相關故事

　　Kanakanavu 流傳一則與竹子有關的神話，也就是米貢祭時才能演唱的祭歌〈Cina Cuma〉。「Cina」指母親，「Cuma」指父親，歌謠內容描述一則神話，述說有位少女名叫 'Usu，她想跟隨男性族人到山上打獵，不幸被大火燒死的故事，余瑞明曾在書中簡短描述〈Cina Cuma〉的故事：[33]

　　'Usu 她從小失去依靠獨自生活，必須和其他男孩子一樣學習山上的各項生活技能，有天她想跟著部落男性去山上學會狩獵的技

33　余瑞明編，《台灣原住民曹族──卡那卡那富專輯》，頁 105-107。

能，但是狩獵是男性的工作，女性不能參與，於是她偷偷尾隨男人們上山。男人們到了獵區，放火進行焚獵，放火將野獸趕出來射殺，但 'Usu 不知道，誤入了焚燒區而逃不出來被火燒死。

族人們為紀念 'Usu 勇敢進取的精神，於是在她家門前插了一支箭，插在她家門口的箭後來變成竹竿，長至天邊再折彎垂到地上，'Usu 靈魂隨著雲煙飄到天上去，後來隨著竹竿來到人間看望族人。

余瑞明描述的故事，最後提到 'Usu 死後，族人在她家門口所插的箭變成竹竿，竹竿自己生長到天邊，再折彎垂到地上，'Usu 靈魂隨著雲煙飄到天上去，後來隨著竹竿來到人間看望族人。故事中的竹竿，變成溝通天界與人間的橋梁，'Usu 靈魂順著竹竿化成雲煙飄到天上去，想念族人的時候，'Usu 靈魂順著來到人間看望族人。竹竿成為〈Cina Cuma〉故事中，串通天地間非常重要的橋梁與媒介角色。

團隊訪談時，許多耆老談及〈Cina Cuma〉故事中，女主角 'Usu 靈魂升天的內容，有一說是 'Usu 靈魂隨著竹子飄到天上去，也有一說如同余瑞明書中描述的故事，族人在她家門口所插的箭變成竹竿，'Usu 靈魂飄到天上去，後來隨著竹竿來到人間看望族人。然而，不論故事版本如何，族人對於 'Usu 的獨立謀生精神非常敬佩，也很可憐 'Usu 的遭遇，述說故事的過程中，還有耆老忍不住落淚同情 'Usu。

米貢祭才能唱的祭歌〈Cina Cuma〉完整歌詞

　　這首歌謠是 Kanakanavu 最神聖的古調，歌詞蘊藏許多故事，全曲分成五段，每段均有不同的意義，反映了 Kanakanavu 族人對於生命的哲學觀。

［第一段］

'e 'i 'e 'e，Cina Cuma a.

母親、父親

'alisekesekenau kuacapa seperera rakateena.

收拾好家具，如篩子！撿乾淨！

namarene cau si 'anuputa

因為咱們的獵區被別人燒了

nipanipangena kipalana kia 'eeve na.

火燒到（我所藏身的樹上），我隨著煙升上天去

［第二段］

'e 'i 'e 'e，muiala 'usu suita uatauali satani upake.

慢走，'Usu，咱們現在要與人間分離，但氣味仍留在人間

［第三段］

'e 'i 'e 'e，taulipi，ka 'ane ku tavala 'e caane mu mua

ninginingi namare.

Taulipi，我不知道你們的路是平原？還是人多屋多的地方？

［第四段］

'e'i'e'e，Cina　Cuma　a.

母親、父親

kisapasapalau ku likunau licumai.

我正在要鋪豹皮和熊皮

kipalana ngesa teena，malava nivanili cikimi.

我們在此處（樹下），生命接近結束了

［第五段］

'e'i'e'e，Cina　Cuma　a.

母親、父親

hacani iahatukuhlu cina mia na sinu'u mia.

要準備一條魚，我們的媽媽，要準備我們的項鍊。

資料出處：
吳榮順製作、李壬癸譯註，《南部鄒族民歌》台灣原住民音樂紀實９（臺北縣：風潮音樂，2001）。

小結

　　Kanakanavu 族語中，最多詞彙與「竹子」相關，多達近十種的竹子相關詞彙，這些詞彙中，有許多與生活用品有關，可見竹子這項植物與 Kanakanavu 有很重要的關係，竹子可以作為建材；竹筍可作為食用菜餚，也可製成竹筍販售；竹子的各部分可做更種日常生活用品，如竹掃把、竹筒、竹杯、竹背簍、竹筐，以及小米田中的趕鳥器。

　　此外，竹子也是族名起源的眾說法之一，Kanakanavu 族名，孔岳中以語言構詞的角度，是與竹子有關，例如：麻竹的族語「kanavunavu」族名 Kanakanavu 非常相近，而「kanavunavu」的語詞分析，navu 的「前綴」ka- 有「住或屬於」的意思，而此句的「詞根」-navu 又與本族語麻竹「kanavunavu」的詞根 -navu 完全相同。米貢祭的祭歌〈Cina Cuma〉，其故事內容和竹子有關，竹竿成為故事中，是女主角 'Usu 靈魂往返天地間，甚為重要的橋梁與媒介工具。由此可見，竹子是族人重要的作物之一，族人的生活及各種用品的製作，都離不開竹子。

Tʉvʉsʉ（甘蔗）

中文名稱	甘蔗
族語	Tʉvʉsʉ
學名	*Saccharum sinense* Roxb. et Jeswiet
科屬名	禾本科（Poaceae）甘蔗屬（*Saccharum*）
原產地	原產於中國廣東一帶。全世界有一百多個國家出產甘蔗，最大的甘蔗生產國是巴西、印度和中國。
分布	主要分布於北緯 30 度以南與南緯 30 度以北，南北迴歸線以內氣溫約 20°C 區域。臺灣最適合種植甘蔗的地區為雲林縣虎尾鎮到屏東縣的平原，因本區地形平坦，氣候良好。
傳統用途與意義	各種不同顏色的甘蔗均可作為日常食用，在米貢祭時會被放在會場上，代表豐收的意涵。綠甘蔗（tʉvʉsʉ tavacuku）可用來製糖，紅甘蔗（tʉvʉsʉ masinang）跟茅草（rʉ'ʉ）加在一起水煮後飲用，可治療因麻疹伴隨而來的高燒。

　　本草綱目中記載甘蔗能夠去咳化痰、利尿、養顏美容，但並未特別限定品種。現代似乎最常看見白甘蔗的地方，是各式的甘蔗茶攤，一綑綑的白甘蔗，工作人員熟稔的將一段段的甘蔗，置入機器中，壓榨出甜甜的甘蔗汁，再佐以不同的茶湯，調製出一杯杯清涼蔗香茶飲。在 Kanakanavu 甘蔗的族語稱作 tʉvʉsʉ，除了一般為人熟知的直接食用、製糖外，它更是米貢祭時，

重要的展示品之一，象徵豐收的意思。

甘蔗種在哪兒？

在達卡努瓦的村落內常見一些田地內種植 tuvusu。某處看起來像是荒廢已久、無人耕種的荒地，詢問後才知是部落裡某位老人家的菜園（圖2-4-1），菜園不是應該要一畦一畦整齊的排列著嗎？難道是老人家體力有限無法整理？才會任其隨意亂長？近看發現每一種菜都只有幾棵，這怎麼夠吃？在菜園邊應該要有灑水設施，例如儲水桶或水管等設備——這些被視為理所當然的事，在 Kanakanavu 部落裡似乎都被推翻了；這位老人家是採粗耕的種植方式，再到部落裡從事保種的「女人的田地（usu'uru）」（圖2-4-2）去看看，[34] 竟發現也是如此，usu'uru 裡沒有整齊的菜畦，看到的是各類傳統作物，且每一種都只有幾株，仔細看土地裡有不少的小石頭。經過田野調查得知，原來

圖 2-4-1　老人家的菜園

圖 2-4-2　usu'uru 女人的田地

34　「女人的田地（usu'uru）」地點位於那瑪夏區達卡努瓦里秀嶺巷 196 號。

圖 2-4-3　達卡努瓦老人家菜園的 tuvusu

粗耕就是部落裡最傳統的耕種方式。

Tʉvʉsʉ 是 Kanakanavu 重要的傳統民族作物，放眼望去果然在看似雜亂的菜園中，就能見到它們的身影（圖 2-4-3）。部落裡的老人家說他們以前在田裡工作時，想要吃甘蔗隨手砍下起來就吃了，根本不必用刀子削皮，直接用嘴巴啃咬去皮，[35] 可見 Kanakanavu 人，早期就是用這麼豪邁的方法吃甘蔗呢！

甘蔗的品種

甘蔗依顏色區分成黑甘蔗、綠甘蔗、紅甘蔗三種，此三種顏色都可用在米貢祭，象徵豐收的意涵。黑甘蔗（tʉvʉsʉ ta'ʉrʉm）純粹作為食用用途，綠甘蔗又區分成兩種，一種為 tʉvʉsʉ kacaningan，除傳統食用外也可用來製糖，tʉvʉsʉ tavacuku 質地很硬，是專門用來製糖的。紅甘蔗（tʉvʉsʉ masinang）除了傳統吃的用途外，跟茅草（rʉ'ʉ）加在一起水煮來喝，可以治療因麻疹伴隨而來的高燒。

Tʉvʉsʉ tavacuku 用來製糖

部落裡早期會用甘蔗來製糖，老人家 Mu'u（翁坤），告訴我們：「tʉvʉsʉ tavacuku 是綠色的甘蔗，它的質地很硬是專門用來製糖的。」[36]

35　邱碧華，〈翁坤、翁范秀香、江朱樹蘭、江秀菊、鍾梅芳訪談稿〉（2018 年 4 月 23 日，未刊稿）。
36　同上註。

老人家 Abus（江朱樹蘭）本身是布農族人，也是 Kanakanavu 的媳婦，她記得小時候看過她母親用 tʉvʉsʉ tavacuku 煮糖的情景，先將砍回來的甘蔗削皮，再將中間的硬節去掉，其餘的部分搗一搗，用布包起來過濾，過濾出來的湯汁入大鍋熬煮，約七、八個小時就會出現黃黃的結晶，比現在用的砂糖還大顆，那就是平日所使用的糖了。[37] 這是屬於布農族的製糖方式。Abus 嫁到 Kanakanavu 以後，在印象中並沒有看過婆婆煮糖，所以她雖然也提及 Kanakanavu 可能也有用甘蔗製糖，但並不清楚真正的製作過程。蔡恪恕訪談老人家時，也出現甘蔗製糖的說法。蔡能喜表示 Kanakanavu 人先將甘蔗切成一段段，放在大鍋裡煮一煮，將甘蔗撈起後，留在鍋子裡的甘蔗水繼續加熱，直到水分煮乾後，留下來的結晶就是黑糖，他們不用到平地買糖，自己就能製作。[38]

　　從訪談和文獻上得知，不論布農或 Kanakanavu 都會利用甘蔗來製糖，雖然兩個族群製糖過程，有些許不同，因布農族和 Kanakanavu 兩個族群，居住區域互相重疊，生活上早已融合在一起，很多的習慣，都會互相學習、互相影響，推測也許採用甘蔗製糖的習慣，也是互相學習，彼此交流而來。

37　邱碧華，〈江朱樹蘭訪談稿〉（2018 年 8 年 5 日，未刊稿）。
38　蔡恪恕，〈原住民族語料與詞彙彙編　南鄒卡那卡那富語期末報告〉，頁 162-163。

我想起來了，以前的老人很聰明啊

Sua tüvüsüia masikaranaana sua tüvüsü uuna tüvüsü
masinang.

還有甘蔗，也是分好幾種，有紅的有白的

Una sua masinamiri,

有好幾種

Una kaacanginan kisöönü. Sua tüvüsü.Nakai neenkusa

timmuturu mamaarang miana

我想起來了，以前的老人很聰明啊

tavara'ü Kamanüng kamsia ta'ürümü sua tüvüsü

他們也是可以做黑糖

Ngürüngürüngürün kee sua kacanginan

把甘蔗切成一段一段

avara'e maamia tüvüsü poocipi na taarisi.

放在大鍋子裡燒

Makasuacu sua tüvüsü noo poocipancia mia miaranau cia

ara'ünca sua

煮了以後甘蔗就可以拿出來，那個水就可以

Tüvüsü iisua kaapeepeecu maamia canumu.

把那個水煮到乾就會變成黑糖

Sua poocipa nuu aranakarücia toisuacu kamsia ta'ürümü.

Suya nipo'ucipa tüvüsü.

Noo pacüpücüpüngü kiaia neenkusa sua timmuturu

mamaarang miana.

不知道什麼人教我們的老人做紅糖的

Makasua sua siputukiikiu'u mamaarang miana apacu'enu kai

poo'ana pakiisiana kamsiaia.

我們不必到平地買，他們自己就有

資料出處：
蔡恪恕，〈原住民族語料與詞彙彙編　南鄒卡那卡那富語期末報告〉，頁
162-163。

說明：
蔡恪恕當時所採用的族語拼音 ü，2005 年教育部所頒定的族語拼音系統
已經修訂為 ʉ。

Tʉvʉsʉ masinang 具醫療用途

　　Tʉvʉsʉ masinang 除了食用外，還具有醫療用途。我們在田野訪談 Mu'u
等多位耆老，他們一起回憶過往討論後很明確的說：早期小孩因麻疹發高燒，
大人就會將 rʉ'ʉ 和 tʉvʉsʉ masinang 放在一起加水煮成湯，讓孩子喝，能解

熱退燒，時至今日已經有麻疹疫苗可以打了，也就不再用這種方法來退燒。[39]
在以往醫藥不發達的年代，部落裡的老人家很懂得利用唾手可得的各種植物
來調理身體、治療各種疾病。

Tʉvʉsʉ masinang 跟 rʉ'ʉ 的醫療用途

邱碧華：那請問紅甘蔗，我們平常是拿來做什麼用？

受訪者：就是吃的。

邱碧華：也是吃的？

受訪者：那個出麻疹的時候，煮。

邱碧華：出麻疹，出麻疹的時候加水喝，煮湯嗎？水煮？

受訪者：（討論聲）rʉ'ʉ 一起煮，給小孩子喝。

邱碧華：Rʉ'ʉ，不是，那是要紅甘蔗跟茅草一起煮嗎？還是分開煮？
　　　　分開還是合在一起？

Mu'u：Rʉ'ʉ，再一次 rʉ'ʉ。

邱碧華：Rʉ'ʉ 這是茅草，所以 masinang 加 rʉ'ʉ 煮了以後可以治療
　　　　麻疹嗎？

Mu'u：對，tʉvʉsʉ masinang。

39　邱碧華，〈翁坤、翁范秀香、江朱樹蘭、江秀菊、鍾梅芳訪談稿〉（2018 年 4 年 23 日，未刊稿）。

邱碧華：喔，tʉvʉsʉ masinang 跟 rʉ'ʉ，兩個加在一起水煮可以治療麻疹。

邱碧華：要喝很多次嗎？還是一兩次就好？

受訪者：因為他們，長輩說以前沒有藥，所以出疹或是發燒就喝這個。

邱碧華：發燒也可以用？除了麻疹以外發燒也可以用？還是麻疹的發燒才可以用？

受訪者：發燒解熱用。

邱碧華：要吃很多次嗎？

受訪者：就是那個疹，那個叫疹嗎？讓它出來。

邱碧華：讓它出疹，是讓它趕快出疹嗎？

受訪者：發高燒……。

邱碧華：對，麻疹會發高燒。

受訪者：現在有藥啊，打預防針，有藥啊，他們說現在不吃了。

資料出處：
邱碧華，〈翁坤、翁范秀香、江朱樹蘭、江秀菊、鍾梅芳訪談稿〉（2018年4年23日，未刊稿）。

象徵豐收之意

　　訪談時多位老人家都提到了甘蔗是很重要的作物，每年都要種。早期在住家旁邊就會隨意栽種，除了想吃就可以有得吃之外，每年米貢祭時一定要用到。在米貢祭當日會將所有數月歌有唱到的農具和作物都擺在 cakɨrɨ 的廣場邊，用擺放甘蔗來表達豐收之意。推測應該是因為在小米播種時，甘蔗也會在同日種下，兩種作物收成時間，都落在 7、8 月間，米貢祭實際上就是小米豐收後入倉的祭儀，因此族人說到甘蔗，就會說它具有慶豐收的意義。米貢祭時，甘蔗擺放的數量一定要是偶數，且要連根拔起的，但並不特別限定品種、顏色（綠的、黑的、紅的，任一種顏色都可以），通常是擺放兩根代表即可，數量不必多。[40]

　　布農族的 Samingaz（藍林鳳嬌），是 Kanakanavu 的媳婦，訪談時她談到數月歌時有特別提及 4 月開始就要種甘蔗，到了米貢祭時要將甘蔗連根拔起豎立在 cakɨrɨ 廣場上，象徵豐收之意。[41] 另一位老人家 Uva（謝藍鳳嬌）提到部落裡每年大約在 3、4 月時種下甘蔗，等到 7、8 月以後，只要是想吃就可以隨時去採來吃了，同樣她提到米貢祭時也要用到甘蔗。[42] 根據現場觀察，部落裡每年春季舉行小米播種祭時，除了播種小米的種子之外，也會同時種下甘蔗（圖 2-4-4）。

　　族人蔡能喜也提及播種小米時，同時要種下甘蔗，而且數量一如米貢祭

40　邱碧華，〈翁坤、翁范秀香、江朱樹蘭、江秀菊、鍾梅芳訪談稿〉（2018年4年23日，未刊稿）。
41　邱碧華，〈藍林鳳嬌、謝林春里、施彭梅訪談稿〉（2018 年 4 月 22 日，未刊稿）。
42　邱碧華，〈Uva（謝藍鳳嬌）訪談稿〉（2018 年 4 月 23 日，未刊稿）。

圖 2-4-4　小米播種時甘蔗是必種農作物

時也是需要兩根。[43] 在部落訪談時，有多位老人家都提及此事，且更進一步指出，在小米收成之後舉辦的米貢祭，甘蔗扮演著非常重要的角色，因為這象徵著 Kanakanavu 豐收之意。

還有種甘蔗甘蔗可能是兩根

Matianaanai sua mitöörü kisöön.

就是開始 mitöörü

43　蔡恪恕，〈原住民族語料與詞彙彙編　南鄒卡那卡那富語期末報告〉，頁 3-4。

Suaisuaia ungai aratakarü sua mamanüng, sinü'ücüpeeni matikusa, matisa'ü tappi Matauuku.

就是那個好夢的人先摸並且抓背籃鋤頭

Tanükü nipu'ucipa ünüüm karasua üsüpatü karamanaasün ka'intavangü

neecü'ürei.

不一定是六個還是四個煮好的芋頭小芋頭，你看

Taavara'ün kuvangvang, suaiisua cantinpurua.

不久那個可以吃完

Makasuacu müsü'üinia ara ün kee sua pupunga esu'inia casnumu 'ümüsü'ü na.

這樣放在哪裡拿竹製器皿在哪裡放水

Tappin matatüvüsü, niaran kee sua naküünakü papaasarü sua vina'ü.

背籃裡還有甘蔗從架子下面拿小米

Manaasü upen kusa araün kee muupucupucu natoomarü avicincukee mukusa'inia.

不知道拿了多少小米在盆子裡搓一搓帶去哪裡

Kamanüngü ti'ingei makaitia tatiana ta'avua nikamanüng sivatünke usu'üncüke 'inia umarai suaisua karaincu kee.

做好像火爐一樣的大小放在那裡

Mata'ümükün kee sua tüvüsü, sua tüvüsüia manaasü urcuinngaca'a.

還有種甘蔗甘蔗可能是兩根

資料出處：
蔡恪恕，〈原住民族語料與詞彙彙編　南鄒卡那卡那富語期末報告〉，頁 3-4。

說明：
蔡恪恕當時所採用的族語拼音 ü，2005 年教育部所頒定的族語拼音系統已經修訂為 ʉ。

數月歌

　　部落裡多位老人家都有提及每年的尋找小米田播種地、相關農事與農具使用，完全是遵照數月歌的歌詞而來，雖然老人家已經無法記得完整的數月歌，但仍有提及大概的內容，甘蔗栽種事宜就會出現在數月歌裡。Abus（江朱樹蘭）和 Apu'u（江秀菊）提及，數月歌就像是種植作物的記事曆一般，由男女對唱，主要的內容是關於開墾種植小米，但確切種植哪些作物已記不得了，還有米貢祭等事宜，主要是唱 1 到 10 月的事，因為 10 月後收成就休

耕了。[44]

　　另外 Samingaz 等也說，數月是屬於男女對唱的形式，女生唱 1 月、男生唱 2 月，餘此類推。1 月份要去找開墾的場地，2 月份就要帶著所有工具，去哪裡砍一砍作記號，表示這塊地已經有人預定要種植了，3 月份開始燒茅草、雜草整地，4 月份準備播種小米，還有香蕉、甘蔗、玉米等等很多的作物，5 月份作物漸漸的成長，有的長得太茂密要做間拔（就是將長得較不好的植株拔除，留下好的），此時也要做除草的工作，到了 6 月份小米就開始開花，7 月份就會抽穗了，如果田裡有小鳥來吃小米，就要做趕鳥的工作，到了 8、9 月份小米就可以開始收成了，10 月份所有的小米都要收成完畢，準備進行米貢祭了。[45]

　　訪問另一位老人家 Uva（謝藍鳳嬌），她記得數月歌裡有特別提到所使用的農具，但尋找耕地的事，數月歌中並沒有特別唱。她提到 1 月份就會帶鐮刀去整地，2 月、3 月份帶鋤頭、鐮刀準備種植小米、芋頭、玉米、南瓜、地瓜、木薯、甘蔗等等，所有作物都要在 2 月準備妥當，再看當時天氣的狀況，決定栽種的時間。4、5 月份就要開始除草、間拔。6 月要開始趕鳥，7、8 月就開始收成作物，9 月要整理小米收進倉庫，10 月就準備米貢，11、12 月就是休耕了。[46]

44　王雅馨，〈Abus（江朱樹蘭）、Apu'u（江秀菊）訪談稿〉（2018 年 4 月 21 日，未刊稿）。

45　邱碧華，〈Samingaz（藍林鳳嬌）、Humhum（謝林春里）、Uva（施彭梅）訪談稿〉（2018 年 4 月 22 日，未刊稿）。

46　邱碧華，〈Uva（謝藍鳳嬌）訪談稿〉（2018 年 4 月 23 日，未刊稿）。

卡那卡那富族的 palitavatavali 數月歌（12 月令歌）

　　這是一首採摘草藥時所唱的，以 12 月令為首的工作歌，主要
是規劃一年中每個月的工作重點：

Palitavatavali tolisina Palitavatavali tolis.

在採線蓮時，想到時間交替，聯想到整年的工作。

Ilu kacani ali tolisina ilu katsani ana tolis.

現在是 1 月，1 月完了 2 月來，心想拿鐮刀。

Ilu kalusa ali tolisina ilu kalusa ana tolis.

現在是 2 月，2 月完了 3 月來，心想準備乾芒草。

Ilu katulu ali tolisina ilu katulu ana tolis.

現在是 3 月，3 月完了 4 月來，心想拿鋤頭。

Ilu kasepata ali tolisina ilu kasepata ana tolis.

現在是 4 月，4 月完了 5 月到，心想著要播種。

Ilu kalima ali tolisina ilu kalima ana tolisina.

現在是 5 月，5 月完了 6 月到，心想拿趕鳥具。

Ilu kanuumuu ali tolisina ilu kanuumuu ana tolis.

現在是 6 月，6 月完了 7 月到，心想拿魚具。

Ilu kapitu ali tolisina ilu kapitu ana tolis.

現在是 7 月，7 月完了 8 月到，心想豐收。

Ilu kaalu ali tolisina ilu kaalu ana tolis.

現在是 8 月，8 月完了 9 月到，心想釀酒、小米祭。

Ilu kasiia ali tolisina ilu kasiia ana tolis.

現在是 9 月，9 月完了 10 月到，心想拿獵具。

Ilu kamane ali tolisina ilu kamane ana tolis.

現在是 10 月，10 月完了 11 月到，心想要收藏。

Aiiana 'isana tolisina aiian 'isana tolis.

10 月完了 11 月到。

Mulavacu 'isana tolisina mulavacu 'isana tolisina.

現在已經到底了，期待明年的到來。

資料出處：
吳榮順製作、李王癸譯註，《南部鄒族民歌》台灣原住民音樂紀實 9（臺
北縣：風潮音樂，2001）。

　　細看數月歌的歌詞，並未如部落內耆老所言，有明確提及要播種哪些農
作物。族人應是依據節氣在春季播種，並照傳統上食用習慣及當地適合耕種
的作物類別，決定要種下何種作物，因此每位耆老記憶裡播種的農作物幾乎
都是一樣的。

小結

　　甘蔗族語為 tʉvʉsʉ，共有四種不同的品種。tʉvʉsʉ taʼʉrʉm 可供食用，tʉvʉsʉ masinang 不僅可食用還可作為醫療用，tʉvʉsʉ kacaningan 除食用外還可製糖，tʉvʉsʉ tavacuku 通常只用來製糖。傳統上族人會在自家屋旁或菜園種上幾棵 tʉvʉsʉ，表示日常生活裡隨時都可能會用到，所以要種在方便取用的地方，這樣除了平日想吃就有得吃外，也能隨時提供製糖的重要原料，只要使用自家平日使用的鍋具，即可熬煮出讓食物更美味的蔗糖。麻疹是個傳染力很強的疾病，若有孩子因麻疹發燒不退，就能很快摘採自家種植的紅色 tʉvʉsʉ 連同 rʉʼʉ 煮水喝，讓孩子緩解不舒服並且達到退燒的效果。

　　tʉvʉsʉ 另一個重要的意義是象徵豐收，因為每年在小米播種時會一併種下，收成小米時，同時也是甘蔗的收成期，因此舉辦米貢祭時，會將連根拔起的甘蔗擺放在 cakʉrʉ 的廣場邊，用以代表今年的豐收。

第三章　草本類　非禾本科植物

Kuarʉ（紅藜）

中文名稱	紅藜
族語	Kuarʉ
學名	*Chenopodium formosanum* Koidz.
科屬名	藜科（Chenopodiaceae）藜屬（*Chenopodium*）
原產地	臺灣原生種植物
分布	臺灣中、南部，中、低海拔山區
傳統用途與意義	外出時用來祈福、保平安，在拔摘祭時作為祈禱之用，米貢祭用來驅疫、祈福，也是部落內巫師施法必備法器之一。

　　紅藜有「穀類紅寶石」的美稱，已在 2008 年由林務局委託國立屏東科技大學森林系的研究團隊歷經三年研究後正名為「臺灣藜」。[1] 在 Kanakanavu 它的族語是 kuarʉ，主要為族人外出時用來祈福、保平安，巫師施法及 mikong 時用來驅疫、祈福，是很重要的民族植物。

1　在訪談時報導人都是以族語 kuarʉ 稱之，在文獻中有些會寫藜實，有些則寫 kuarʉ 種子，也有直接以 kuarʉ 稱之，在漢人的社會中則稱為紅藜，現已正名為臺灣藜。

Kuaru 可以保護族人外出安全順利

　　Kuaru 可以在旅途中保平安，當族人要去險峻的地方，只要將 kuaru 放在頭頂上就可以保護他，[2] 讓他在危險的地方穿梭自如，保護他平安歸來。Muʼu（翁坤）語氣堅定的告訴我們，kuaru 對 Kanakanavu 而言是很重要的植物——他提及以前有個孩子要去險峻的斷崖，就將 kuaru 種在頭上，以此保佑路途上一切平安，最後安全的歸來。[3] 故事中提及將 kuaru 「種」在頭頂上，具有一種象徵意義，意思是 kuaru 放在頭頂上，就會有保護的功能，就算走動時掉下去也沒有關係，因為 kuaru 已經轉換成一種祝福，會保護著他。Kanakanavu 人以前去打獵時，也都會進行放 kuaru 的祈福儀式，問老人家如果沒做這個儀式會怎樣？得到的答案是可能會獵不到動物。可見大家都還是遵循傳統，不會輕言改變。根據口述鄰近的 Bunun（布農族）並沒有這項風俗，這是 Kanakanavu 傳統既有祈福方式，不能隨意放棄。

　　現場觀察 Muʼu 將剛採回來的 kuaru（圖 3-1-1），先放在手上搓一搓，讓 kuaru 和細枝幹分開，才進行祝福儀式。進行祝福儀式時，Muʼu 首先拿 kuaru 在嘴前哈氣（圖 3-1-2），再將嘴巴噘起

圖 3-1-1　剛採回來的新鮮 kuaru

2　訪談 Muʼu（翁坤）時，有提及將 kuaru 放在頭頂，是因為頭頂是生命的源頭，只要保護好魔鬼就不會進去了。

3　劉正元、邱碧華、王雅馨、闕妙芬，〈翁坤、翁范秀香、江朱樹蘭、江秀菊、鍾梅芳訪談稿〉（2018年 4 月 23 日，未刊稿）。

圖 3-1-2　祝福前拿起數顆 kuaru 用嘴哈氣　　圖 3-1-3　將 kuaru 放在頭頂上祈福

來發出 chok 的聲音，在此同時將 kuaru 放在被祝福者的頭頂上（圖 3-1-3），這個過程稱做 mariumu。這是 Kanakanavu 所特有的 kuaru 祈福儀式，[4] 受祝福的人要回應「Haa ！Kusu」，表示接收到祝福。[5] Mu'u 說即使是現在，他的孫女到外地去念書時，也會用 kuaru 為她祈福，保護她外出求學過程中能平平安安。

安全地去、安全地回來

Mu'u：那個 kuaru，對我們 Kanakanavu 來說，為什麼我們不能放棄它，也不能讓它變不見，是因為傳說以前有一個孩子，因為他要到一個很險峻的斷崖，然後他就跟他父親說，因為他要前往那麼險峻的地方，所以他要用 kuaru 的種子，因為鬼

4　進行祝福者，將 kuaru 放在被祝福者的頭頂上時，嘴巴嘟起來發出 chok 這個聲音就稱做 Mariumu。

5　邱碧華，〈Mu'u（翁坤）訪談稿〉（2018 年 8 年 5 日，未刊稿）。

啊或是一些，會怕，就是有種在他的頭上，種完之後那個孩
子去那個很險峻的峭壁，他就可以很自由地那個，自由地移
動、攀爬，然後經過危險的地方，他都可以安全地，穿梭在
那個很危險的地方，我們一般人沒辦法走的路，但是種過之
後他就可以很自在地，就是都可以走啦，怎麼走都可以，很
安全地回來。

王雅馨：安全地去、安全地回來。

Muʼu：那個意思有點是，它是可以保護我們的身體。

闕妙芬：請問一下放這邊（指頭頂）是不是 Kanakanavu 認為魔鬼
　　　　會從這邊進去？

Muʼu：放在那個，因為是我們人的生命的源頭。保護好魔鬼就進不
　　　去了。

劉正元：這個位置叫什麼？

Muʼu：anipunang，每一個人都有啦。

劉正元：你們說那不好的東西叫什麼？

Muʼu：ʼucu，魔鬼。

資料出處：
劉正元、邱碧華、王雅馨、闕妙芬，〈翁坤、翁范秀香、江朱樹蘭、江秀菊、
鍾梅芳訪談稿〉（2018 年 4 月 23 日，未刊稿）。

傳統拔摘祭也需要 kuaru

拔摘祭時正逢出穗成熟季節，[6] 在回程的路上要拔 kuaru 葉子，和鋤頭放在籃子裡，回家後以此進行祈禱。在王嵩山的調查裡提到：

> 拔摘祭 kanakola：在小米發育到相當程度，各株的良莠可以看得出來的時候進行此祭。……此宗教儀式的祭期正當 koala（藜）出穗的時期，所以儀式完畢回家時一定要摘採長在田間田畔的藜葉兩三枚。回來以後把它放在簍中，並且將豬肉和它放在一起然後祈禱說「koala 啊！abaru manunu kauna！」此儀式稱為 kana-koala。

耆老蔡能喜提及在拔摘祭時要帶著水及豬肉去小米田祭拜，在工作結束回程的路上，要拔兩根 kuaru 草，將它和鋤頭、裝水的竹器，一起放在籃子裡，回家後還要盪鞦韆，以祈求小米快快長大。[7]

等小米長大

Mookusa'inia maru'ucu kan mavicika sua canumu mata nuu 'unen sua 'angirisia 'avicinkee kaisiisi.

到那裡拔草　帶水　如果還有豬肉　帶去祭拜

6　拔摘祭指的是小米發育到相當程度，各株的良莠可以看得出來的時候，進行除草、拔除長得較差的小米植株。

7　蔡恪恕，〈原住民族語料與詞彙彙編　南鄒卡那卡那富語期末報告〉，頁 6-8。

Nuukaakam muraania akiasua tia cecenana poi'i kaisiisi kamua.

如果你這一年沒有幫助我們　明年就沒有人來拜拜

Nieucuancia tecu okusunkee, cümü'üra.

拔完了以後再去看

Noteeci matirupangia, muukusacu 'inia sua tacini sua can piningaia,

mookusana 'uma'umaini.

快結束的時候　一家人去那裡　去工作的地方

Mariravisi kuarü urucin ngaca'a,

拔兩根 kuarü 草

Araüncukee meekusana taapin mata tukuini.

拿 kuarü 草和鋤頭放在籃子裡

Pupungen, nisüke 'inia canumu.

在竹製器皿裡裝水

Nipo'ucipikani uurusii mianaia kamününg poocipi uuru si manaasü

akia sua tapakeesapateni tia po'ocipi nu uurunca'ania.

以前可能沒有時間煮飯

Makasua noo poi'ici tanasaia ka'an patarasangai.

這樣回到家裡不休息

Tapiningsu kuarü urucinngaca'a,

在背籃裡放了兩根 kuarü 草

Tukuin mata pupungeni mitanu'uuru.

和鋤頭　竹製器皿　盪鞦韆

Hoo, maicukasu capuku nivooru.

呼！我的小米像 Nivooru 那個地方的茅草一樣的搖來搖去

Vina'aku mitatain, makasuacu kan mamaarang miana,

以前的老人這樣

Makasuacu mitanu'uuru. Makasuacu tarasangaipa.

這樣盪鞦韆　這樣休息

Miitarücu v'na'ü nuu. araatatiaci sua v'na'ü

等小米長大

資料出處：
蔡恪恕，〈原住民族語料與詞彙彙編　南鄒卡那卡那富語期末報告〉，頁 6-8。

說明：
蔡恪恕當時所採用的族語拼音 ü，2005 年教育部所頒定的族語拼音系統已經修訂為 ʉ。

　　以上兩則文獻，都可發現在小米拔摘祭時，會在回程路上拔 kuarʉ，放在背籃內帶回家，用以祈禱小米快快長大。

巫師施巫術必備 kuarʉ

　　佐山融吉的調查曾提及，當日摘的新鮮 kuarʉ 是祭司使用的法器之一，

在吟唱招靈時，須透過此物與靈界溝通。[8] Muʼu 為我們祈福時也是採用新鮮 kuarʉ。族人阿布娪提及巫師在施巫術時，通常必備三種民族植物，分別是小舌菊（avirungai）、kuarʉ、苧麻繩（ngiri）。在施巫術時 ʼavirungai 是用來開始和靈界溝通的連接物、kuarʉ 是放在需要驅邪者的頭上，用以驅邪祈福，ngiri 是結束儀式時，用來祝福所有的參與者。[9] 經由訪談得知，Kanakanavu 很多的情況都會找巫師幫忙處理，例如牛、羊不見了，會去詢問要往哪個方向去尋找？生病時會去尋求治療，做了噩夢會請求解夢，或有所祈求時，例如希望不要下雨等，在日常生活上遇到的大小事，都可以去請巫師協助，在施巫術的過程中，就要用到 kuarʉ。[10] 在八八水災後、部落生活重建時，播種小米的儀式及勞動是很重要的工作。有一年經耆老們擇定播種小米的日子，卻遇到天氣不穩、天色不佳、看來即將下雨的狀況，大家正愁悶時，阿布娪想到可以請巫師（ʼʉrʉʉ）幫忙。老巫師首先叫她拿出先前經老巫師處理過的 kuarʉ 數顆，[11] 要阿布娪讓自己的心先平靜下來，然後照著老巫師在電話中教導的步驟做，將數顆 kuarʉ 放在手上，再透過話語祈求，此時 kuarʉ 就會成為她的工具，前來幫助她。當時祈求的話語：[12]

Tamu，我是阿布娪，因為我們今天要做什麼很重要的事情，啊！

可是好像風雨來了，無論如何我希望辦完這個活動，我那時候應該

8　佐山融吉著、中央研究院民族學研究所編譯，《蕃族調查報告書‧第三冊，鄒族　阿里山蕃　四社蕃　簡仔霧蕃》，頁 175。

9　邱碧華，〈Apuʼu（江梅惠）、Naʼu（江秋美）訪談稿〉（2018 年 8 月 3 日，未刊稿）。

10　邱碧華，〈翁坤、翁范秀香、江朱樹蘭、江秀菊、鍾梅芳訪談稿〉（2018 年 4 年 23 日，未刊稿）。

11　訪談中阿布娪、Abus 兩位都有提及，巫師處理過的 kuarʉ 用來施法，才能有效用。此點與翁坤及佐山融吉說法略有不同。

12　邱碧華，〈江梅惠訪談稿〉（2018 年 8 月 3 日，未刊稿）。

算是滿聽話的，然後我就說，無論如何就算是要下雨，也要請你在那個，等這個，喔！對要種小米，就是至少這個空間要保護它。喔！真的 neh！那時候真的沒下雨。

透過這段訪談，阿布姞告訴我們，巫師的工作一定要使用到 kuarʉ。它就像是巫師手上的士兵，會前來協助巫師達成任務，此點正好呼應前項所提佐山融吉的調查。

圖 3-1-4　長在菜園邊的 kuarʉ

施巫術後的 kuarʉ 要如何處理呢？老人家說如果是放在頭上避邪的，在走動時就任其自行掉到地上；如果是治病或保平安，從巫師那兒取得後，用紅布包起來帶在身上的 kuarʉ，當不再使用時，就收起來放在抽屜不可隨意丟棄。[13] 如果是巫師拿在手上施巫術的，在儀式結束後，直接灑在當時的地上即可。在部落裡，發現菜園（圖 3-1-4）、cakʉrʉ 的周邊空地，都有 kuarʉ 隨處生長，這應該就跟 kuarʉ 使用後的處理方式有關，所以耆老們也都有提到部落裡 kuarʉ 會自己長出來，不必刻意去種植。

13　邱碧華，〈Abus（江朱樹蘭）訪談稿〉（2018 年 8 年 5 日，未刊稿）。

四處可見的 kuarʉ

邱碧華：對那比如說有不舒服的時候，我們去找巫師，那他這個
kuarʉ 會怎麼用？

Abus：他隨便給我們包在袋子裡面，我們自己處理就好。

邱碧華：就帶在身上而已嗎？

Abus：對。

邱碧華：那生病的時候呢？

Abus：帶在身邊。

邱碧華：就一直帶著。那就帶到什麼時候？病好了嗎？

Abus：隨便帶到什麼時候。

邱碧華：那你如果拿下來要放在哪裡？要特別再處理嗎？

Abus：就收起來，放在抽屜，放在家裡。

邱碧華：那可以把它灑到地上去嗎？

Abus：就是放在抽屜收起來。

邱碧華：就放在抽屜收起來，不可以說再拿去種？

Abus：不要種啦，因為 kuarʉ 很多啦，不用種。

邱碧華：所以我們自己其實也沒在種嗎？它是野生的嗎？

Abus：對。有時候它就會發芽出來。

資料出處：
邱碧華，〈Abus（江朱樹蘭）訪談稿〉（2018 年 8 年 5 日，未刊稿）。

生長力強大的小米

邱碧華：那我們 kuaɹɨ 是自己種嗎？還是都是野生的？

阿布姶：每次問老人家說，你從哪裡拿？他說每次種小米它就自己
　　　　長出來。

邱碧華：所以我們不用自己去播種 kuaɹɨ？

阿布姶：你種小米它就會自己長出來。

邱碧華：為什麼？

阿布姶：我問他們，他們說因為它就是……。

邱碧華：它是不是要來保護小米的？它顏色比較紅嘛。

阿布姶：讓小鳥吃啊。

邱碧華：讓小鳥吃，來保護那個小米，是這樣嗎？

阿布姶：它就是你種小米，它就會長出來。

邱碧華：所以你根本就不需要去種。

阿布姶：你種小米它就會長出來。

Na'u：以前沒有特別種紅藜。

邱碧華：所以在小米田裡面會自己長出來。

資料出處：
邱碧華，〈Apu'u（江梅惠）、Na'u（江秋美）訪談稿〉（2018 年 8 年 3 日，
未刊稿）。

Mikong（米貢祭）祭儀用來驅疫、祈福

Kuaru 在 mikong 中扮演著重要的角色。王嵩山等人對南鄒堪卡那福人（現已正名為卡那卡那富）的宗教調查中詳細記載，在收藏終了祭時 Kanakanavu 人會齊聚於 cakuru，此時由巫師代表領受天神所授予的 kuaru，再由巫師將 kuaru 分送給在場的每一個人，人們拿到天神授予的 kuaru 後，就將它和自家的 kuaru 混合在一起並配帶在身上。接著在儀式進行的過程中，場上的族人再將 kuaru 和各家所帶來的黏糕混合成一大糰，每一個人拿一點黏糕，將它黏在 cakuru 的邊緣上，藉此向小米神祈禱，保佑居所平安與身體健康。再由兩個壯丁，先將 kuaru 放在自己的頭頂上，用來祈求外出時不被不好的東西所傷害，兩名壯丁走到社口，將 kuaru 掛在大門的柱子上，祭品放在柱子下，念完咒語再將 kuaru 灑在地上，以上過程就是進行驅疫祭。[14]

請保護我們出社外時，不被鬼怪傷害

收藏終了祭、驅疫祭（moanivi）……

日落前各家舂好米若干，將粉作成糰，然後和生麻纖維、poacapu、家豬脂肉與藜實一併帶到男子會所。這時候全社的人都聚集在一起，男人登上會所，婦女與小孩則在會所之下的場地。這是為了要由巫師（ulupu）受頒神所

14　王嵩山、汪明輝、浦忠成，《臺灣原住民史・鄒族史篇》，頁 346-347。

授予的藜實。

……

　　祈求天神授予藜實的過程如下：當時，ulupu 口中唸著祈禱文並舉起右手擺動，作招天神所授予藜實的姿勢，接下來再用左手接著，然後將藜實分給每個人一粒。人們受頒之後，就把它和家中帶來的藜實混合在一起，用來佩帶於身上。眾人身上都佩帶藜實之後，將藜實混合各家所帶來的小米粉糰捏成一大團，再將這一大團分割後分給每一個人。然後每一個人把他所接受的小米糰獻給小米神，先呼喊：「小米神呀！」一聲，然後把小米糰放在男子會所地板的邊緣上，並祈禱：「tamu-naulan 啊！我用這些東西祭拜你，請你保衛我們所住的地方！如果讓我們全體健康，來年將再祭拜你。」後選兩個男丁擔任代表到社口進行驅疫宗教儀式。這兩個人先把藜實放在頭髮中，然後祈禱說「請保護我們出社外時，不被鬼怪傷害。」

……

　　然後用麻纖維將藜實繫在拱門的兩根柱子上，再把一人包糰和肉放在柱子下，並祈禱說：「tamu-naulan 啊！請你防禦我們的門！若能讓我們全體都健康，來年將再祭拜你！」祈禱完畢後，將藜實散布於門口。社口有四個，

　　每一個社口所舉行的儀式過程都一樣，最先是正門口，再

　　來是後門口，最後才是側門口。

資料出處：
王嵩山、汪明輝、浦忠成，《臺灣原住民史‧鄒族史篇》，頁 346-347。

　　從上述的討論中，得知 kuaru 在 mikong 中扮演了祈福與驅疫的角色。另外代表到社口進行驅疫儀式的兩名壯丁，會先將 kuaru 放在自己的頭髮中，並祈禱說：「請保護我們出社外時，不被鬼怪傷害。」可見 Kanakanavu 不只是外出打獵或去險峻的地方才會使用 kuaru，只要覺得有需要受保護時，就會將 kuaru 放在頭頂上，避免被不好的東西所傷害，有保佑平安的意思。

　　傳統 mikong 是由巫師進行驅疫、祈福儀式，但現在 Kanakanavu 已經沒有巫師了，所有的報導人都有提及，現在的祭典是由耆老擔任主祭（一稱祭司），因此使用 kuaru 進行相關的儀式，也一併由主祭來擔任。其中報導人 Abus 提及，當所有人都還在廣場上唱歌時，主祭者會將 kuaru 放在族人的頭頂上，主要作用是避邪，他會說「走到哪裡，走到很遠的地方，會保護我們。」[15] 接受祈福者，不必以任何話語回應，但此一陳述和陳英杰在《卡那卡那富部落史》的調查略有不同，紀錄如下：[16]

15　邱碧華，〈江朱樹蘭訪談稿〉（2018 年 8 年 5 日，未刊稿）。

16　陳英杰、周如萍，《卡那卡那富部落史》，頁 273。

圖 3-1-5　Mikong 時祭司以 kuaɻʉ 祈福

　　Mikong 時主祭長老手上又拿著 kuaɻʉ（藜實種子），一樣先向祖靈講話，再走向與祭者，在每個人的頭上放上祝福的種子 kuaɻʉ，每個輪到的與祭者，要蹲低雙手朝天放在頭上，當主祭者把祝福的種子 kuaɻʉ 放在頭上時，主祭者會喊「narangmusu」，這時與祭著要大聲喊「korusu ！」接受這一份祝福。

　　陳英杰調查中有提及，主祭者在放 kuaɻʉ 到每個人的頭頂時會喊「narangmusu」，此一族語文中並未解釋含意，與祭者要回應「korusu ！」表示接受祝福。2019 年 9 月訪談部落耆老翁博學表示主祭者放 kuaɻʉ 時說的話含意為「這是你的糧食」，「也是一種靈的說法，就是要種給你吃的意

圖 3-1-6　Mikong 結束前祭司以 ngiri 祈福

思」，與祭者回應 korusu 語意為「我會珍惜。」[17]

　　綜合上述文獻與訪談資料，推測主祭者或長老放 kuaru 在受祝福者的頭頂上時，不論他說了哪些話，都有祈福之意，受祝福者的回應，可能有所不同，但也都具有接受祝福之意。Kuaru 在 Kanakanavu 就是具有避邪、祈福的用意。2018 年 10 月撰者參與 mikong 的現場觀察，祭典結束前祭司先以 kuaru 為圍在場中的參與者祈福後（圖 3-1-5），接著拿 ngiri 再次祈福。祭司在場中拿著 ngiri 揮舞數次，並向祖靈說話（圖 3-1-6），祈禱賜福給圍在廣場上的所有參與者，讓他們外出走在險峻的山路能夠平安順利，然後繞場內一圈，讓參與者輪流摸一下 ngiri，表示接受祝福。在陳英杰的調查中也有

17　邱碧華，〈翁博學訪談稿〉（2019 年 9 年 17 日，未刊稿）。

提及此事：[18]

> 主祭長老手上拿著苧麻繩，先向祖靈說話，揮動著苧麻繩，再
> 轉向與祭者揮動祈福。接著繞場內一圈，讓與祭者觸摸苧麻繩，從
> 第一位開始輪流，手摸到苧麻繩的同時與祭者口中要發出聲音。

經由現場觀察與文獻紀錄，得知 mikong 祭結束前，會先以 kuaru 為與
祭者祈福，再以 ngiri 作為結束祭典前的祝福。

小結

紅藜在臺灣儼然已經成為養生作物的代名詞，是炙手可熱的經濟作物。
但是在 Kanakanavu 的傳統用途裡，kuaru 和吃卻完全沾不上邊，訪談中老人
家討論後，很確定的告訴我們，他們根本不知道 kuaru 可以吃。[19] 而且也不
需特別種植，種小米時它自然就會長出來，現在雖然幾乎看不到小米田了，
但在部落裡仍可看見 kuaru 四處隨意生長著。早期是在外出打獵，或到險峻
的地方，放在頭頂用來避邪、祈福。雖然現在幾乎不再打獵，但仍保有使用
kuaru 的傳統，當家人外出遠行時，還是會放在頭頂用來避邪、祈福，保佑
外出者能平安順利。在部落裡還有巫師的時候，kuaru 則是施行巫術時的必
備法器，更是 mikong 時，用來驅疫祈福的必備作物，mikong 結束前還會用
ngiri 祈福，其功能和 kuaru 類似。

18　陳英杰、周如萍，《卡那卡那富部落史》，頁 272-273。
19　邱碧華，〈翁坤、翁范秀香、江朱樹蘭、江秀菊、鍾梅芳訪談稿〉（2018 年 4 年 23 日，未刊稿）；
　　邱碧華，〈江梅惠訪談稿〉（2018 年 8 月 3 日，未刊稿）。

Tavɨnɨvɨnɨ（香蕉）

中文名稱	香蕉
族語	Tavɨnɨvɨnɨ（統稱／尚未熟成）、Nivanga（成熟）
學名	Musa × *paradisiaca L.*
科屬名	芭蕉科（Musaceae）芭蕉屬 （*Musa*）
原產地	主要分布在熱帶、亞熱帶，全世界有一百多個國家生產香蕉，最大的香蕉生產國是印度、中國和菲律賓。
分布	臺灣的香蕉主要產地在高雄市的旗山區、那瑪夏區、內門區；臺南市的山上區、屏東縣和臺東縣。
傳統用途與意義	香蕉除可直接食用外，也可搗碎後和小米和在一起製成黏糕（cunuku）供日常食用、祭拜、提親、婚禮、平日宴客等，且會將 cunuku 分享給親友。腹痛時可用青香蕉水煮飲用，具有療效。香蕉葉則可用來包裹外出的便當及日常襯墊食物用。

　　蕉是一般外界的統稱，在 Kanakanavu，香蕉的族語稱為 tavɨnɨvɨnɨ，尚未成熟的青香蕉，也是以 tavɨnɨvɨnɨ 稱呼之，已成熟的香蕉則稱之為 nivanga。香蕉在部落是很重要的傳統民族作物，族人習慣將 tavɨnɨvɨnɨ 隨意吊掛著（圖 3-2-1），平時想吃就順手摘來吃，當它成熟時是營養豐富的日常水果，尚未成熟的青香蕉（tavɨnɨvɨnɨ），具醫療用途，還可和小米混

圖 3-2-1　隨意吊掛的香蕉串

合製作 Kanakanavu 特有的 cunuku。[20]

部落裡曾出現哪些品種的香蕉

　　根據老人家說，以前曾有一品種叫做 kaviangai，它果實很大，未成熟的青香蕉可以烤來吃，也可以搗碎和小米混合做成黏糕（cunuku），它的香蕉蕊裡含有水分很甜，可以直接吸取，在 Kanakanavu 算是很好的香蕉，可惜這個品種現在已消失。還有另一種叫 vuruki 的品種，果實小而短，皮很薄，

20　Cunuku 是一種由小米和搗碎蒸熟的青香蕉混合，製作而成的食物，中文翻譯在文獻中有使用麻糬、年糕、黏糕三種方式，訪談期間報導人的說法是黏糕（cunuku），所以在本文中統一以黏糕（cunuku）呈現。

但很甜、很好吃，只要是成熟了，就會摘給孩子吃，但不會用來做黏糕。以前老人家最喜歡栽種這個品種，因為它最適合小孩子吃，但不知為什麼現在已消失了，好可惜。[21]

甜甜的香蕉蕊

邱碧華：那個香蕉花有沒有特別的用途？

受訪者：只有一種，可是只有一種那個香蕉它可以吃。

邱碧華：就是最後紫色的那種，叫香蕉花嗎或是叫什麼？

受訪者：叫香蕉蕊，好，現在長老們很熱烈在討論有一種香蕉，但那是布農族沒有，布農族不懂啦。

邱碧華：叫香蕉蕊是我們 Kanakanavu 才有的？

受訪者：叫 kaviangai。

邱碧華：Kaviangai 這是一種品種嗎？就是這個品種它的香蕉蕊才可以吃？

受訪者：平地人也沒有這種香蕉。

邱碧華：現在還有嗎？

受訪者：沒有了，那個還可以用烤的很好吃。

邱碧華：烤香蕉蕊嗎還是香蕉？

21　邱碧華，〈翁坤、翁范秀香、江朱樹蘭、江秀菊、鍾梅芳訪談稿〉（2018 年 4 年 23 日，未刊稿）。

受訪者：香蕉，那個品種我本來想去屏東找，後來聽說有偷偷的復育，可是他們先沒有要告訴別人。

邱碧華：生的烤來吃？

受訪者：要先讓它活起來，對就是這個是……很好吃那個很大。

邱碧華：那剛剛說香蕉蕊可以吃也是這個？要怎麼吃？

受訪者：就是這個，用吸的甜甜的。

邱碧華：直接吃嗎？

受訪者：用吸的，它的水可以吸，那個蕊用吸的，它裡面有水。

邱碧華：吸香蕉蕊的水，就類似像花蜜這樣嗎？

受訪者：對對，啊！那個沒有吃進去。

邱碧華：就吸那個水分，所以就是沒有特別有醫療效果，單純吸那個水分好吃，然後也是烤那種香蕉來吃。

受訪者：在 Kanakanavu 叫做很好的香蕉，現在講的就是 kaviangai，也可以用烤的，也可以搗成黏糕都可以，它的吃法最多，而且它很大。

邱碧華：所以那個香蕉很大，有圖片嗎？

受訪者：好像是這個季節。

邱碧華：4 月種？

受訪者：好像是這個季節。

邱碧華：什麼時候可以收成？

受訪者：不一定啊你要看你的，現在可以用算的，是因為用肥料，因為以前種了就自然長，不像現在我們可以用，還有一種是 vuruki。

邱碧華：Vuruki 是另外一個品種？

受訪者：對，小小短短。

邱碧華：是小小的短短的。

受訪者：以前有但是不知道為什麼就都沒有了，不見了。

邱碧華：那這個好吃嗎？

受訪者：好吃。

邱碧華：好吃那也是可以煮、可以烤嗎？還是直接吃？

受訪者：很甜啊！它的皮很薄。

邱碧華：它小而短、好吃、甜、皮很薄，可以烤、可以水煮嗎？不行？

受訪者：可以，只是沒有，因為很好吃。

邱碧華：所以也是單純吃，沒有特別的？

受訪者：因為就是這樣熟了，那就很好吃，它是甜，vuruki 很久沒有看到了。

邱碧華：做黏糕也會用嗎？

受訪者：不會。

邱碧華：這個都只有吃，不做黏糕。

受訪者：以前老人家為什麼會喜歡種，那個是因為那個給小朋友吃，

vuruki 熟了就給孩子吃。

資料出處：
邱碧華，〈翁坤、翁范秀香、江朱樹蘭、江秀菊、鍾梅芳訪談稿〉（2018年4年23日，未刊稿）。

重要的傳統作物

　　Tavʉnʉvʉnʉ 在一般人的眼裡，它只是常見又不起眼的水果，但在 Kanakanavu 人眼中，它卻是非常重要的作物。蔡能喜接受訪談時特別提到，對 Kanakanavu 人來說香蕉是很重要的，不能放棄，因為這是族人以前的生活。訪談時他說：[22]

Sua ikim kanakanavuia kanakanavu miana mee

因為我們以前卡那卡那富是

Manasü akia pa nippun meesuaia.

可能那時候日本人還沒到台灣來

Mwwsuaia manaasü inmaamia vina'ü sua köönanmia.

那時候可能我們卡那卡那富完全是靠小米生活

Vina'ü, makasuacu ünmükü tanüvünü.sua tanvünia

還有種香蕉

22　蔡恪恕，〈原住民族語料與詞彙彙編　南鄒卡那卡那富語期末報告〉，頁 162。蔡恪恕當時所採用的族語拼音 ü，2005 年教育部所頒定的族語拼音系統已經修訂為 ʉ。

ka'an tavara'ü matripuri ümmükü mata tanükü.

還有芋頭地瓜，這都是不能放棄的

Tammi.Sua makasua sua nimümükü mamaarang miana.

這個是我們以前的生活

2006 年部落在準備米貢祭前，要播種小米時，也同時種下了香蕉樹，由此可知 Kanakanavu 人直到現今仍然依循著傳統，不敢輕忽香蕉的重要性。[23]

　　2006 年由於族人們決定等新建的祭壇 cakʉrʉ 完成後……於 2 月初向一位族人 MD 借用一小塊田地作為小米田，然後開始開墾工作。先請中年婦女進行除草工作，並整地挖鬆土壤，然後再請中壯年的男性族人建造圍籬與工寮 taruan。接著 2 月中播下小米 vinaʉ 與玉米 viaru、kuarʉ 種子，以及種植香蕉 tavunvun 和芋頭 tanʉkʉ。

在部落裡，總會看到路旁（圖 3-2-2）、小米田旁（圖 3-2-3）都栽種著數棵香蕉樹，難怪總是會看到某些人在家門前，吊掛著

圖 3-2-2　溪流旁族人栽種的香蕉樹

23　林曜同，〈建構、分類與認同──「南鄒」Kanakanavu 族群認同之研究〉，頁 142-143。

整弓香蕉，隨時都有香甜營養的新鮮香蕉可吃，這就是 Kanakanavu 的日常。

圖 3-2-3　小米田旁的香蕉樹

佐山融吉的調查中提到，平日的飲食裡，香蕉是很重要的食物之一。文中提及：「飲食，通常日食三餐，但也不一定如此，有吃兩餐，甚至四、五餐的，完全視勞動量而定。主要食物為粟、蕃薯、香蕉和芋頭。二、料理通常是將粟、香蕉和蕃薯蒸熟，然後用杵臼搗成麻糬食用。」[24] 文中的麻糬，就是用小米和搗碎的青香蕉混合蒸熟，製作而成的食物黏糕（cunuku）。[25] 老人家還特別提到如果是純小米（或糯米）製作的就叫做 pepe，中文同樣也稱作黏糕。[26] 蔡恪恕所做的訪談中也提到，以前 Kanakanavu 比較少吃飯，都是吃黏糕，尤其是上山打獵，去河流毒魚時，都是帶黏糕便當。[27] 可見不論是在日治時期，甚至更早以前，小米混合青香蕉作成的黏糕（cunuku），就是 Kanakanavu 很重要的主食之一。由以上兩則文獻得知，香蕉是製作 cunuku 重要的食材之一，而 cunuku 是從事農耕、

24　佐山融吉著、中央研究院民族學研究所編譯，《蕃族調查報告書・第三冊，鄒族　阿里山蕃　四社蕃　簡仔霧蕃》頁 189。

25　蔡恪恕，〈原住民族語料與詞彙彙編　南鄒卡那卡那富語期末報告〉，卡那卡那富語語彙篇中有特別指出 cunuku 就是 banana cake 年糕。

26　邱碧華，〈藍林鳳嬌、謝林春里、施彭梅訪談稿〉（2018 年 4 月 21 日未刊稿）。

27　蔡恪恕，〈原住民族語料與詞彙彙編　南鄒卡那卡那富語期末報告〉，頁 152-153。

漁獵者必備的重要主食之一。在部落裡訪談老人家時，她們曾提及：青香蕉
（tavɨnɨvɨnɨ）有兩種吃法，一種是水煮直接吃，事實上在部落裡很多的
作物，都是利用水煮或蒸的方式來食用，例如芋頭、地瓜、南瓜、葛鬱金、
木薯等主食都是如此，單純享受食物的原味，不被過多的調味所左右。談起
這些主食，老人家的臉上，總會露出滿滿的笑容，還不斷說著「好甜！好
吃 neh ！」，這正是現代人應該要學習的飲食習慣，回歸自然、享受食材的
原始風味。另一種食用 tavɨnɨvɨnɨ 的方式是搗碎後，和小米和在一起稱為
nicucuva，將 nicucuva 蒸熟後就稱做黏糕（cunuku），平日就可以做來吃。[28]

我們到河流毒魚到山上去打獵，都是靠這個便當

Nguai sua siaköön miaia

我們的食物是

Cunukusua siaköönanmia

大部分是年糕

Maraa ka'an kim kumakön uuru

那時候比較少吃飯

Meesuasii masitan kumaköön cunukusu noo mucacan ükiaia

因為我們大部分做年糕，方便上山打獵時攜帶

Eesi narangün sua cunuku.Cöönü teekia

過一兩天都還可以吃

aranungnung.Teekia musamüraia

我們到河流毒魚到山上去打獵，都是靠這個便當

Ngaii sua sua kamanüngam mia kööna tia avican miua rümüre.

做這個年糕

Cavucavua peepee, cunuku,makasua siaköön mamaarang miana.

這個是我們以前老人的食糧

資料出處：
蔡恪恕，〈原住民族語料與詞彙彙編　南鄒卡那卡那富語期末報告〉，頁
152-153。

說明：
蔡恪恕當時所採用的族語拼音 ü，2005 年教育部所頒定的族語拼音系統
已經修訂為 ㄩ。

Kanakanavu 就是很喜歡香蕉做的那個黏糕

邱碧華：生香蕉都怎麼吃？比如說蒸的還是煮湯？

受訪者：用水煮。

邱碧華：所以我們只有生的會水煮？

受訪者：嗯。

邱碧華：那有特別什麼時候吃嗎？還是想吃就吃？

受訪者：想吃就吃吧。

邱碧華：想吃就吃，我們就是水煮這樣子？

受訪者：很多種啦，這個。

邱碧華：很多種？

受訪者：也可以做那個黏糕啊。

邱碧華：那黏糕我們是過年才做，還是想吃就做？

受訪者：想吃就做。

邱碧華：所以是沒有規定一定要什麼時候才去做來吃這樣子？

受訪者：特別要用的時候，就那個什麼放那個香蕉，Kanakanavu 就是很喜歡吃香蕉（做）的那個黏糕。

邱碧華：香蕉黏糕？

受訪者：用小米做。

邱碧華：加香蕉嗎？

受訪者：有很多種。

邱碧華：還有什麼？

受訪者：還有地瓜啊、芋頭啊，nicucuva。

邱碧華：做成什麼？再講一次。

受訪者：米跟那個香蕉做成黏糕叫做 nicucuva。

邱碧華：nicucuva 這個是混合？那如果是做好的咧？又是另外一個？

受訪者：cunuku。

邱碧華：這個就叫黏糕還是麻糬？

受訪者：我們都翻譯成黏糕。

邱碧華：就是很黏的那一種。

受訪者：就是純白的沒有放什麼東西那種 pepe。

邱碧華：所以這個也叫 pepe ？

受訪者：pepe 是沒有加料的。

邱碧華：pepe 是沒料的？

受訪者：糯米、小米。

邱碧華：是糯米還是小米？

受訪者：都可以。

邱碧華：所以這個黏糕是有加小米和青香蕉。

受訪者：或者是加芋頭還是地瓜就叫 nicucuva 混合的黏糕。

邱碧華：可是香蕉硬硬的、生生的、要怎麼？

受訪者：要搗碎呀！

邱碧華：搗碎就加進去嗎？

受訪者：沒有，要一起煮，假如是白白的純粹糯米的話叫 pepe。

資料出處：
邱碧華，〈藍林鳳嬌、謝林春里、施彭梅訪談稿〉（2018 年 4 月 21 日，未刊稿）。

香蕉葉的用處

　　寬大的香蕉葉是襯墊食物、杯盤的好材料，田調期間在部落的「To'ona tamu（大地廚房）」[29]享用午晚餐時，總會看到這樣的場景：清洗乾淨的水杯、餐碗一個個倒扣在一整片香蕉葉上；顏色金黃、香味四溢的薑黃飯下，也襯著香蕉葉；訪談時老人家也提及米貢祭時在家屋要掛在柱子上的黏糕，還有早期去甲仙時要帶的便當，都是用香蕉葉包裹。[30] 2011 年 12 月 30 日在小米播種祭現場觀察，當日煮好的食物，就是以香蕉葉襯墊包裹著（圖 3-2-4、圖 3-2-5），可見這項傳統即使到了現代，仍被保留著，而且就落實在日常生活裡。

圖 3-2-4　以香蕉葉盛裝煮好的食物

29　To'ona tamu 地點位於那瑪夏區達卡努瓦里秀嶺巷 196 號。
30　邱碧華，〈翁坤、翁范秀香、江朱樹蘭、江秀菊、鍾梅芳訪談稿〉（2018 年 4 月 23 日，未刊稿）。

圖 3-2-5　烤好的魚用香蕉葉襯墊著

醫療用途

　　老人家說以前醫藥不發達時，部落裡如果有人肚子痛不舒服，就會拿半熟的香蕉去皮，加水煮成湯，喝了就會很快緩解，而且喝起來很甜很好喝，小孩子很愛。[31]

---

[31]　邱碧華，〈翁坤、翁范秀香、江朱樹蘭、江秀菊、鍾梅芳訪談稿〉（2018 年 4 年 23 日，未刊稿）。

肚子不舒服就會煮香蕉

邱碧華：它可不可以用在醫療上？

受訪者：以前如果肚子不太舒服，就會用香蕉。

邱碧華：是熟的嗎？

受訪者：半熟去皮。

邱碧華：半熟香蕉去皮。

受訪者：小時候外公常常煮。

邱碧華：加水嗎？

受訪者：加水那個湯好好喝。

邱碧華：只喝湯嗎？還是連料一起都吃？

受訪者：那個水會酸甜酸甜，好吃好喝 neh。

邱碧華：所以只有肚子痛不舒服的時候會煮？

受訪者：肚子不舒服就會煮。

邱碧華：喝這個就會有效，那葉子還是香蕉皮有沒有用到？

受訪者：沒有，就特別是胃不舒服。

資料出處：
邱碧華，〈藍林鳳嬌、謝林春里、施彭梅訪談稿〉（2018 年 4 月 21 日，
未刊稿）。

2019 年 9 月至部落參與瀕危族語傳承課程旁聽，因為正值盛夏小黑蚊非常猖獗，已經點了蚊香，還是不斷來侵擾，翁博學開玩笑說是小黑蚊知道我是遠道來的客人，特別出來招待一番，讓我不斷抓癢無法專心聽課，此時翁博學說以前

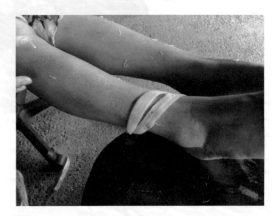

圖 3-2-6　香蕉皮止癢

的人會拿香蕉皮白色內面塗抹皮膚，這樣不止防蚊還可止癢——抱著姑且一試的想法，立刻摘下隨意吊掛在一旁的香蕉，三兩口吃下肚，筆者拿了香蕉皮不斷塗抹患處（圖 3-2-6），果然沒多久就不癢了，小黑蚊短時間內也不再來叮咬，原來香蕉皮也具有醫療效果呢。

聘禮、回禮，嫁娶都少不了它

日本人佐山融吉的調查中提到，Kanakanavu 提親時的聘禮，女方的回禮，嫁娶時宴客，都要用到 cunuku。[32]

男子達適婚年齡，父母就會為他尋找適婚對象。有中意者，即到女方家提親。女方的父母親答應，數日或數月之後，男方搗製兩個大型圓形麻糬，放在板子上，另附若干鹿肉，送到女家當聘禮。

32　佐山融吉著、中央研究院民族學研究所編譯，《蕃族調查報告書・第三冊，鄒族　阿里山蕃四社蕃　簡仔霧蕃》，頁 195。

這一天，女方邀請親戚們前來吃麻糬。數日之後，女方也一樣準備麻糬、鹿肉，送到男方家當做回禮。……新娘入門，即與新郎共食些許麻糬。食畢，男方父母取出藍色和黑色布料各一塊給新媳婦，作為見面禮。入夜之後，還要給一塊白棉布，長約一尋，作為將來包裹嬰兒之用。新娘得此布後返回娘家。男方在此時宴請親家夫妻和自己的親友，以麻糬宴客。

訪談中老人家也特別強調，cunuku 是 Kanakanavu 的傳統食物，除了平日常吃外，在提親、結婚時都會用到，也是部落裡最高級的食物，代表著以豐盛的食物宴客，是尊敬對方的意思。[33] 所以，時至今日在部落的溪流旁、道路旁、小米田旁，四處都有種香蕉樹，因為 Kanakanavu 隨時都會用到香蕉來作食材。

Mikong 的祭品

部落內多位老人家提及，mikong 時在家屋或 cakuru 的祭盤上都要準備 cunuku，是很重要的祭品。另外在 mikong 當天，還要將香蕉連根拔起連同甘蔗一起種在廣場邊。這有兩種不同的說法，一為 Samingaz（藍林鳳嬌）她說：「mikong 時在 cakuru 廣場的門邊，左右兩側各種下一棵香蕉樹和甘蔗，這很重要是以前老人家交代說一定要這樣。」[34] 另一位老人家 Muʼu（翁坤）則說：「以前 mikong 時不可能這樣立香蕉樹，那是現在拿來裝飾用的。」[35]

33　邱碧華，〈藍林鳳嬌、謝林春里、施彭梅訪談稿〉（2018 年 4 月 22 日，未刊稿）。

34　同上註。

35　邱碧華，〈翁坤、翁范秀香、江朱樹蘭、江秀菊、鍾梅芳訪談稿〉（2018 年 4 年 23 日，未刊稿）。

由於 mikong 在部落，曾經中斷了好多年，老人家在討論時，很難完全復原早期的情況，且當天要擺放哪些農作物及農具，都是根據數月歌的內容來決定，在訪談中老人家雖都有提及數月歌，卻無法唱出完整的歌詞；Uva（謝藍鳳嬌）有說因為香蕉從種下，到可以結果的時間會超過一年，所以數月歌裡面並沒有唱到香蕉。[36] 但因為香蕉在部落裡，是主要食物 cunuku 的重要材料之一，香蕉葉更是日常生活中襯墊食物、包便當的材料，是 Kanakanavu 很重要的民族植物，所以才會出現兩種不同的說法。

小結

臺灣素有香蕉王國的美稱，在鄉間、菜園、山邊小徑都能看見它的身影，原本總是不以為意，只當它是過往的經濟作物，但到了那瑪夏實地走訪、深入了解，才知道原來 tavunuvunu 代表著 Kanakanavu 傳統的生活方式。族人十分喜愛以小米和青香蕉混合製成的 cunuku，這是 Kanakanavu 所特有的，它不但是日常生活的主食之一，且在人生中重要的嫁娶禮俗上，也扮演著重要的角色——可用來當聘禮及回禮，也是部落裡的高級食物，以此宴客更是表示此為豐盛的美食，是將對方視為重要的客人之意；甚至在醫療不發達的年代，青香蕉還肩負起醫療的重責大任，連平日一般人棄如敝屣的香蕉葉，都能拿來襯墊食物與包裹便當。

36　邱碧華，〈謝藍鳳嬌訪談稿〉（2018 年 4 月 23 日，未刊稿）。

Taruvuku（山棕）

中文名稱	山棕
族語	Taruvuku
學名	*Arenga tremula*（Blanco）*Becc.*
科屬名	棕櫚科（Arecaceae）山棕屬（*Arenga*）
原產地	臺灣原生種
分布	臺灣 800 公尺以下，低海拔山區是很常見的植物，尤其是溫暖潮濕的溪谷或是山麓地帶，陽光不充足甚至是陰暗的地方，都可以看見它茂盛的生長著，是分布相當廣泛的一種植物。
傳統用途與意義	山棕可編織成傳統的雨衣，雨天外出務農、打獵皆可穿著。另外河祭時部分男丁將山棕雨衣穿在身上，離開河流時將其留在大石頭上作記號，作為捕魚區的標示。

　　山棕在臺灣是很常見的植物，生長在低海拔的山區和溫暖潮濕的溪谷或山麓地帶。在部落溪流旁、潮濕的山麓地帶，均可看到為數不少的山棕，它的外觀特徵是莖幹矮短、叢生，高度約 1 到 3 公尺不等。Kanakanavu 族語名稱是 taruvuku，它主要用途是製作雨衣，河祭時則作為今年捕魚區的標示。

其他族群如何利用山棕

　　小林的大武壠族人，使用山棕的主要方式和 Kanakanavu 人有明顯的不同，在過去小林人會將葉子採集下來，將其根部毛狀外衣取下，再編成扇狀即成堅固耐用的掃把；嫩心可煮湯，成熟的果實也可直接食用，果子狸等動物也愛吃，每年山棕果實成熟時，大武壠族獵人會依動物的特性，在山棕叢中佈置陷阱。[37] Kanakanavu 的男人也會以果實誘捕果子狸等小型動物。[38] 平地人又是如何利用山棕呢？廖仁滄提及，山棕的纖維不算長，所以大多是直接用來製作掃帚或刷子；但現在已從實用轉變為美學運用，因為容易栽培及其樹姿優美，已轉型為庭園觀賞用。另外果實尚未完全成熟前，食用後嘴巴會麻麻的，建議體質敏感的人不要輕易嘗試。[39] Kanakanavu 運用山棕的主要方式又是如何呢？

製作雨衣

　　山棕作為 Kanakanavu 的民族植物，它的用途和他族完全不同。老人家 Samingaz（藍林鳳嬌），她是布農族人，也是 Kanakanavu 的媳婦，她說婦女將山棕葉編織成雨衣：「下雨的時候我們要用到啊！」[40] 訪問老人家 Pi'i（柯鍾梅芳），她本身就是 Kanakanavu 的婦女，也提到：「以前做農的時候插秧，

37　徐銘駿編，《種回小林村的記憶》（高雄市：日光小林社區發展協會，2018），頁 104。

38　邱碧華，〈翁博學訪談稿〉（2019 年 8 月 17 日，未刊稿）。

39　國立自然科學博物館，資料檢索日期：2018/6/11。網址：http://www.nmns.edu.tw/public/BotanicalGarden/flowers/2011/autumn/1000823.htm 。

40　邱碧華，〈藍林鳳嬌、謝林春里、施彭梅訪談稿〉（2018 年 4 月 22 日，未刊稿）。

可以當雨衣。因為插秧都彎腰嘛，只要擋到後面就不會淋到雨，農耕的時候也用。」[41] 實地訪談得知，通常由男人負責去採山棕葉回來，葉子不必曬乾趁新鮮時，即由婦女負責編織成雨具，以備雨天外出農耕、打獵時使用。田野調查期間，在麵店門口看到樹上掛著一件尚能使用的山棕雨衣，看它的大小應該是專供小孩子穿著使用；另外也在某處住家旁的樹上，發現一件葉子已萎縮無法使用的雙層式編織山棕

圖 3-3-1　掛在住家前的雙層式山棕雨衣

雨衣（圖 3-3-1），由此可見部落裡此項編織工藝仍未式微，也可能仍有人維持著傳統雨具的使用。

男人的雨衣

邱碧華：那還有一個叫山棕葉，是不是以前有拿來做雨衣？

Samingaz：有！有！有！

邱碧華：那現在還有嗎？

41　邱碧華，〈Pi'i（柯鍾梅芳）訪談稿〉（2018 年 4 月 22 日，未刊稿）。

Samingaz：還有，我們河祭有用喔！

邱碧華：那山棕葉的 Kanakanavu 的話要怎麼說？怎麼說？

Samingaz：taruvuku，有沒有（手指著我手上的資料問語料庫裡有沒有記載）？

邱碧華：沒有，taruvuku ？

Samingaz：Taruvuku。

邱碧華：河祭的什麼時候會用到？怎麼用？

Samingaz：就是表演的時候，它下雨，就是這個。

邱碧華：不是那是剛好下雨，下雨拿來當雨衣用？還是說去溪流就會用？

Samingaz：去溪流就會用，那是男人的雨衣，他們喔雨衣。

邱碧華：女人不用嗎？

Samingaz：不用，去山上的話不用。

邱碧華：不是，那如果下雨的話呢？

Samingaz：要用到。

邱碧華：以前下雨的時候。

Samingaz：要用到。

邱碧華：也是用這個？

Samingaz：遮蓋我們的頭啦、身體呀。

邱碧華：所以就是下雨的時候就會用嘛？

Samingaz：嗯，對，沒有下雨就不用了。但是河祭要用到。

邱碧華：河祭是怎麼用？

Samingaz：他們在河祭的話，編織啊，那有人，女孩子在編。

邱碧華：編織成什麼？

Samingaz：就做那個雨衣啊！

邱碧華：所以河祭前婦女會先把山棕葉採回去然後編織成雨衣？

Samingaz：對。

邱碧華：是給男生穿？

Samingaz：給男生穿。

邱碧華：不管有沒有下雨都會穿嗎？

受訪者：給男生穿也有給小朋友穿，很少女孩子跟著穿。

邱碧華：所以會先採回來曬乾嗎？

Samingaz：不用。

邱碧華：採回來就直接了？

Samingaz：曬乾就皺皺了，就沒有辦法擋雨了。

邱碧華：那也女人去採回來嗎？

Samingaz：男人也可以，女人也可以。很遠，男生去採。

邱碧華：是男生去嗎？所以是男生採回來，然後女人編。

Samingaz：對。

邱碧華：河祭的時候用。

Samingaz：河祭的時候帶弟弟，不是妹妹。（眾人笑）

受訪者：昨天不是有講那個故事？不能女生。

邱碧華：因為他們會到河裡去，所以會穿這個，不管當天有沒有下雨都會用？

Samingaz：嗯，表演的時候用。

邱碧華：表演的時候？沒有啊！可是妳們以前就是真正在？

Samingaz：下雨的時候我們要用到啊！就是河祭的話很特別，男孩子小朋友都會。

邱碧華：小朋友也是男生？

Samingaz：對。

受訪者：有特殊的編織法。

邱碧華：哪裡看得到？你哪裡？那我們等一下去你哪邊看？這裡還有可以採嗎？

受訪者：有，那邊很多。

邱碧華：有，那等一下去採。

受訪者：在溪流，小溪的旁邊它生長的環境。

資料出處：
邱碧華，〈藍林鳳嬌、謝林春里、施彭梅訪談稿〉（2018 年 4 月 22 日，未刊稿）。

河祭必備山棕雨衣

部落的老人家提及，參加河祭時男性族人（包含大人和小孩），不論是否下雨，會將山棕雨衣披在身上，傳統上女性族人是不允許參與河祭（圖 3-3-2）。[42]

陳英杰等的調查也說到河祭時，要召集男性族人，文中並未提到女性族人，可見女性傳統上是不參與河祭的。參與河祭時部分男人要穿上山棕雨衣，和部落裡老人家所說的一致。

圖 3-3-2　河祭時，部分男人穿著山棕雨衣

42　邱碧華，〈藍林鳳嬌、謝林春里、施彭梅訪談稿〉（2018 年 4 月 22 日，未刊稿）。

卡那卡那富河祭的祭典在清晨五時許，召集男性族人，包括頭目、耆老、壯丁與男童，抵達位於楠梓仙溪畔的河祭會場，由部落長老進行叮嚀與分工後，眾人穿著傳統族服，部分壯丁則披戴棕櫚葉所編織的傳統雨衣，帶著祭儀的用品，包括皮鞭或藤鞭、茅草、漁網、小米麻糬、小米酒等，依序前往河邊，由部落頭目帶領祈禱，展開莊嚴的祭儀。[43]

另外，陳幸雄提到河祭儀式結束時，男士們要離開前，會將身上的雨具脫下來，放在溪邊的石頭上，再拿石頭壓著。[44] 瑪雅工坊主人 Na'u（江秋美），[45] 她提及另一個特殊的用途，以前家族河祭的第一天，編織好的山棕雨衣，會拿去放在大石頭上，再用小石頭壓著做記號，用石頭壓著是為了不會被風吹走或被水沖走，旁邊還要插一枝芒草，表示該河段是某一家族的捕魚區，其他家族的人看到記號就知道了，不會再在此區捕魚。[46] 這麼純樸的民情，只在完美的童話故事裡才有吧！沒想到其他的族人也是如此訴說，可見 Kanakanavu 人仍是遵循著傳統家族漁場、共享資源的理念。[47]

43　陳英杰、周如萍，《卡那卡那富部落史》，頁 293。

44　陳幸雄，〈卡那卡那富族群文化認同發展歷程——從「other」到「we」〉（臺南：國立臺南大學台灣文化研究所碩士論文，2013），頁 64-65。

45　瑪雅工坊地點位於高雄市那瑪夏區秀嶺巷 126 號。

46　劉正元、邱碧華，〈Na'u（江秋美）訪談稿〉（2018 年 4 月 22 日，未刊稿）。

47　傳統的 Kanakanavu 社會中漁場都是由家族所共有，像楠梓仙溪這樣的大溪，族人可以自由從事漁撈，但小溪則由各家族自由放飼魚苗，其他家族不能任意捕捉。資料來源：林曜同，〈建構、分類與認同——「南鄒」Kanakanavu 族群認同之研究〉，頁 48。另外蔡能喜在訪談中也提到：河流是大家的，小河會區分成一段一段分屬不同家，毒魚時，魚如果流到別人的區域，你就不能捉了。

你要先去找你的位子，然後去做記號

邱碧華：這個做一件可以用多久？

Na'u：這個喔！可以用一年。

邱碧華：一件可以用一年！

劉正元：用一年，喔！好環保喔！它不用再上什麼油？或什麼這樣？

Na'u：沒有，就沒什麼油，它用久了它會乾掉，會縮，縮的話就……
今年插秧或河祭的時候用，然後明年再來就再做一件。

劉正元：所以它這個妳們拿來用大概只有用做雨衣？我在河祭看到
大家都披這個，不管有沒有雨，不過我們河祭的時候，就
正好下雨，好好玩 honnh ！

Na'u：因為 4 月呀，4 月開始下雨，山區開始梅雨。

劉正元：梅雨。

邱碧華：所以河祭的時候不管有沒有下雨他都會披？

Na'u：以前喔，可是他會拿一根去做記號。

邱碧華：做什麼記號？

Na'u：就剛剛那老人家有聊到說，以前河祭是三天，就像打獵一樣，
你要先去找你的位子，然後去做記號，然後那個魚簍啊放在
哪裡，然後在第二天、第三天再去看。

邱碧華：所以是用這個做記號？山棕葉插在某一個～就一個點嗎？

Na'u：芒草。

劉正元：喔，也可以用山棕葉。

邱碧華：兩個都要用嗎？山棕葉跟芒草。

Na'u：那個河邊是做記號一個，那另一個是找一個石頭把它壓住。

邱碧華：是說明天要來這裡做河祭？

Na'u：就是這一區塊是你的，你這個家族的。

邱碧華：如果說我要選定這一段的時候，我要怎麼做記號？我就拿一個在這邊插著？

Na'u：芒草是插著，這個是也是要編這樣，然後找一個石頭壓著。

邱碧華：編好壓著。

Na'u：對對對，放在石頭上面，然後再用小石頭壓住，就是做記號。

邱碧華：所以插著的是芒草，編好壓著的是山棕葉。

Na'u：就是這個。

劉正元：這是做家族的記號。

Na'u：家族的記號，要不然你去過了，人家不知道的話，它又重複了選定這個區域，所以你做的那個魚簍會被人家拿走，魚簍啊，要抓魚、抓蝦、捉鰻魚這些的。

邱碧華：所以等於兩個都要用囉？

Na'u：對。

邱碧華：芒草是插著的，然後這個是編好一件放在那邊用大石頭壓著。

Na'u：河邊找一塊大石頭，然後你拿一塊小石頭去壓著它，要不你沒有壓著它會被水沖走、被風吹走。

邱碧華：所以它是放在大石頭上嗎？

Naʼu：對！對！對！你沒有石頭壓著，可能會被水沖走。

Naʼu：有一件是河祭的時候當雨衣要揹著。

邱碧華：有一件是做好，放在大石頭上壓著。

Naʼu：嗯！嗯！嗯！

資料出處：
劉正元、邱碧華，〈Naʼu（江秋美）訪談稿〉（2018 年 4 月 22 日，未刊稿）。

　　根據原民臺新聞報導得知，用疊石壓著的山棕雨衣，具有標示河段的作用，主祭會告知河神，此一河段就是今年 Kanakanavu 要捕魚的河段，族人不會超出此範圍捕魚，請河神特別保護族人的安全與捕到足夠的魚。[48]

魚肥、蝦大、螃蟹多

　　河祭（kaisisi cakʉlan）乃臺灣原住民族卡那卡那富群（Kanakanavu）深具特色傳統祭儀。在久遠年代以前，卡那卡那富人的祖先們來到幽靜美麗之那瑪夏（Namasia：漢譯為楠梓仙溪）兩側臺地安居繁衍，他們發現清澈曲優

48　原住民族電視臺，族語新聞。檢索日期 2018 年 9 月 26 日。網址：https://www.youtube.com/watch?v=PBeG_3qr4Qw&t=93s。

的那瑪夏及其支流那都魯薩（Natulusa：及老人溪）、那
尼沙鹿（Nangnsaru）、那支蘭溪（Natslna），達卡努瓦
溪（Daganua）、貼布貼爾（Tebuter：即依溪）等流域，
不僅有潔淨而豐沛的溪水，同時蘊藏豐富的水生資源，
魚肥、蝦大、螃蟹多，並有美味的綠藻（kunam）散布深
潭綠澗中，其種類與數量可以提供族人們全年享用不盡。
為了感謝上蒼美好的創造及對這條溪流養育族人的感恩，
卡那卡那富族人以敬肅的心情，發展出了獨有的祭儀河祭
（即現稱所謂鯝魚祭）。

資料出處：
林曜同，〈建構、分類與認同──「南鄒」Kanakanavu 族群認同之研究〉，
頁 134。

Uruvu 拿著芒草對著河面擺動

1. 祭典前一天 uruvu 準備所有祭儀配備，如傳統服飾、佩刀、米
   粒、酒、bubunga tingei、紅色布條、vavuni、ngiri、kuaru、漁網、
   傳統雨具。河祭場所不遠處就近採取芒草用 bubunga tatia 裝水
   浸泡，以便祭儀當天一早河祭祭儀使用。

2. 祭典當天一早，首先女士在家事先將芒草葉打結，立在男人

往溪流經過的路旁。其次 uruvu 事先在部落把攪碎米粒放在 bubunga tingei，然後用紅布條將 bubunga tingei 的口封起來，再裝進 vavuni 裡，掛在脖子上。最後 uruvu 召喚已裝備齊全，男士前往溪邊，準備祭儀。

3. 主要儀式：首先 uruvu 將攪碎的米粒倒到河祭場的大石頭上，揮動 ngiri 倒一杯酒灑在地上，用族語祈福。接著 uruvu 拿著芒草對著河面擺動，把攪碎的米灑入溪中餵魚，等待魚兒跳躍起，uruvu 用網子撈起魚放在大石頭上，再用族語感謝河神。

4. 祭儀結束後，男士們在溪邊吃帶來的食物。離開之前，男士把身上的雨具，放置溪邊石頭上，用疊石壓著。

5. 所有人回到部落，開始歡樂，唱起卡那卡那富民謠（to pin to 歡呼歌）。

資料出處：
陳幸雄，〈卡那卡那富族群文化認同發展歷程——從「other」到「we」〉，頁 64-65。

山棕的生長地及採集過程

和 Na'u 閒聊時，得知山棕雨衣有特定的編法，而 Na'u 本身正是編織高手，現正致力於找出 Kanakanavu 傳統的編織紋飾，也嘗試創新賦予傳統服飾新生

命的工作。她說山棕雨衣是採用新鮮山棕葉，以特定編法編織而成，編一件可穿上一年，等來年葉片因乾枯萎縮，再重新採集編織一件。舊的雨衣原本就是天然植物材質，可化為土壤的肥料，完全沒有汙染的問題，是相當具有環保概念的做法。讓人不得不佩服，Kanakanavu 人的智慧與保護大地的用心。

　　Na'u 帶大家去採集新鮮山棕葉，回來後示範完整的編織流程。此次的採集地，就在那瑪夏區瑪雅工坊屋後溪流旁，Na'u 手持鐮刀往屋後溪流走去，小徑旁有特意搭建的雞舍，三兩隻雞悠閒的散步著，還有人家刻意栽種的龍鬚菜——說是刻意栽種，其實也只是隨意的順著坡地埋下佛手瓜後，便任其生長罷了，並未特別整理；路旁還有幾棵排列整齊的香蕉樹，野生鳳梨，還有好多不知名的樹木，因為前幾天下過雨，路上有些泥濘，好不容易到了目的地，Na'u 身手矯捷走下斜坡到達目的地，目前還不是雨季，河裡只有涓涓細流，河床邊就有欉山棕，旁邊有幾棵高大的樹木，雖然日照不足卻完全不受影響，山棕仍然生長得很茂密。

　　Na'u 對著山棕左看右看，選定目標後便快手砍下枝葉，邊砍邊述說著要挑選葉脈較密的才不會漏水，原來剛剛沒立刻下手就是在精心挑選！有了足夠的數量後，只見她豪邁的將山棕葉單手舉放在肩膀上（圖 3-3-3），快步走向邊坡，回到小路上。原本應該是要往回程走，但溪流旁的小森林讓人想要一探究竟，Na'u 隨性再往裡走，沒多久便見到樹身長滿尖刺的黃藤，長長數條有的像是從天而降，有的卻像是忽地往上冒出，這就是老人家所講的，去掉尖刺後便是編織背筐和蓋房子時，綑綁樑木必備的材料，它的嫩心還可炒來吃，類似阿美族愛吃的十心菜的烹調方式。[49] Na'u 指了指路旁翠綠的小樹，原來是用來毒昏魚的魚藤，再走幾步還看到茄苳樹，順手摘下幾片葉子，

49　阿美族的十心菜指黃藤心、林投心、芒草心、月桃心、檳榔心、山棕心、甘蔗心、鐵樹心、椰子心和臺灣海棗心。

圖 3-3-3　Na'u 採集數根山棕葉後，帶回瑪雅工坊準備編織成雨衣

將其搓揉後便散發出特殊的氣味；另一邊是採粗耕種植的菜園，路旁散亂堆
放著被剝下的竹筍殼，看來溪流旁的小森林，供給了族人生活所需。這趟出
發到溪流旁的小健行，無意中成為認識 Kanakanavu 傳統民族植物的踏查之
旅，也很慶幸這些植物仍然屹立在部落，扮演著延續 Kanakanavu 各項傳統
的重要角色。

密度越密遮雨效果越好

現場觀察 Na'u 編織山棕雨衣，詳細記錄如下：

準備工作

1. 先確定要穿此件雨衣的人他的身高，採集適當長度的山棕葉，
   葉柄長度約為從頭頂到小腿的長短即可。

2. 到河邊或山麓採集：此次的採集處是瑪雅工坊屋後的溪流邊。

3. 工具：鐮刀。

採集山棕葉

到達目的地，選定一棵茂盛的山棕後，用鐮刀將葉子砍下，切記要選葉脈較密的葉子，編成雨衣時才不會漏水。

編織程序

將採回來的山棕葉疊放在一起，比較後找出兩根長度相仿的山棕葉，其餘放置在一旁，待編織不同大小的雨衣（圖 3-3-4）。

圖 3-3-4　兩根長度相仿的山棕葉疊放在一起

剪去無葉脈的前端部分，此部分用不到（圖 3-3-5）。

圖 3-3-5　剪去前端葉柄

　　將前兩葉脈以任意結固定，結要打緊才不會鬆開，此端是要放在頭頂上，將雨衣穿在身上時可以此結卡住，讓雨衣不會滑落到地上（圖 3-3-6）。

圖 3-3-6　將前兩葉脈打結固定

　　翻到背面，將兩根山棕葉擺放成正 V 字型，從打結後的第一片葉脈開始編織，每一片葉脈都不可漏掉，兩邊的葉子採一上一下交叉方式編織，在編織時要注意調整寬度、鬆緊度，太寬鬆時會影響遮雨效果。這可是考驗眼力和手指靈活度的細活兒，編織的過程中還要小心別讓葉緣割傷（圖 3-3-7）。

圖 3-3-7　兩邊的葉子採一上一下交叉方式編織

　　全部編織完成後還要再一次調整緊密度，讓葉脈間的空隙減到最少，減少使用者被雨淋濕的機會。在調整時還要注意若有漏掉未交叉的葉脈或上下交順序有錯誤的，都要加以調整（圖 3-3-8）。

圖 3-3-8　密度越密遮雨效果越好

　　同一方式編織到最後剩下三、四片葉脈時，即可停止編織，然後在末端打結固定，避免前面的編織又鬆散開來。打結的樣式並沒有特別規定，只要能固定不鬆開的都可以（圖 3-3-9）。

圖 3-3-9　雨衣末端打結固定

　　整件山棕雨衣編織至此全部完成，當場請 Na'u 示範正確穿法（圖 3-3-10）。

圖 3-3-10 Naʼu 示範正確穿法

小結

Taruvuku 在臺灣低海拔的山區，是隨處可見的植物，以往路過看見時總不以為意，認為它僅是眾多植物中的一種罷了。到了那瑪夏深入 Kanakanavu 部落才了解，傳統上在雨季時外出打獵、農耕都是靠著山棕雨衣遮蔽雨水，是很重要的日常用品。雨具製作取材於自然植物，採用新鮮 taruvuku 編織，從編織完成一直到葉子乾掉萎縮，不具擋雨功能時，便回歸自然界化為肥料，滋養著大地，沒有汙染環境的問題，表現出族人對大自然的保護與尊重。

每年的家族河祭時，部分的男丁也會穿著山棕雨衣參與祭典，在河祭儀式結束時，也會以山棕雨衣標示此一河段為該家族的捕魚河段，祈求河神保護在該區段捕魚的安全無虞，以及能捕到足夠的魚類。由此可知 taruvuku 是 Kanakanavu 非常重要的民族植物。

Tanʉkʉ（芋頭）、Conu（姑婆芋）

中文名稱	1. 芋頭：芋頭、芋仔 2. 姑婆芋：姑婆芋
族語	1. 芋頭：Tanʉkʉ 2. 姑婆芋：Conu
學名	1. 芋頭：*Colocasia esculenta* (L.) Schott 2. 姑婆芋：*Alocasia odora* (Lodd.) Spach.
科屬名	1. 芋頭：天南星科（Araceae）芋屬（*Colocasia*） 2. 姑婆芋：天南星科（Araceae）姑婆芋屬（*Alocasia*）
原產地	東南亞、南洋群島、印度及中國華南地區
分布	1. 芋頭：主要產地在屏東、雲林、臺南、南投和臺東等地區 2. 姑婆芋：生長在山谷疏林下的陰濕地，分布於中低海拔
傳統用途與意義	芋頭是 Kanakanavu 主食之一。芋的葉子可當成餐盤或野外當水杯盛水飲用，特別是姑婆芋的葉子，族人用來覆蓋田裡土壤，避免剛播種的幼苗被曬死。

　　說到「芋頭」這個食物，一般人可能聯想到芋頭相關的甜點。然而，除了食用，芋頭還有很多功能，例如：芋頭或姑婆芋葉子當成餐盤，是野外裝水飲用的天然隨手杯；族人用姑婆芋的葉子覆蓋田裡，用來涵養土壤中的水分，避免剛播種的幼苗被曬傷、乃至枯萎，既環保又能自然分解成養分。另外，

芋頭在 Kanakanavu 的傳統祭典或儀式中，是很重要的一種祭品——當族人祝賀新生嬰兒誕生，會拿長相最好的芋頭，當成祝賀禮品前往祝賀，而有一種叫 katavang 的黃芋頭，代表族群認同和過往回憶。總之，芋頭 Kanakanavu 族人而言，不光是他們的主食之一，更有許多族群和文化上的意涵。

芋頭

首先來談談芋頭：所謂的芋頭，正確中文學名為「芋」，芋為多年生草本塊莖性植物。正確來說，所吃的芋頭，是芋這種植物的「莖」（地下球莖）！芋的葉片形狀是盾形，芋梗（葉柄）削皮洗淨處理後可做成小菜，口感黏滑，但是 Kanakanavu 的飲食文化，族人沒有吃芋梗的習慣。

芋頭是重要的主食之一

芋頭和姑婆芋對 Kanakanavu 而言，是很重要的作物，芋頭的族語名稱為 tanʉkʉ。芋頭是重要的主食之一，日治時期《蕃族調查報告書》明確說出 Kanakanavu 的飲食習慣，還吃哪些主食——

> 通常日食三餐，但也不一定如此，有吃兩餐，甚至四、五餐的，完全視勞動量而定。主要食物為粟、番薯、香蕉及芋頭等。[50]

說到現代的主食，許多人第一個想到是稻米或小麥。族中老人 Tama Pani

50　佐山融吉著、中央研究院民族學研究所編譯，《蕃族調查報告書‧第三冊，鄒族　阿里山蕃　四社蕃　簡仔霧蕃》，頁 189。

（蔡能喜）曾口述，在日本人來之前，以前 Kanakanavu 的食物種類繁多，有小米、芋頭、地瓜、南瓜等，這些都是族人的主食，Tama Pani 說到百年前 Kanakanavu 食物有哪些：

Teeku tumatuuturu sua makanan sua kööna mamaarang miana mia

我要講我們以前卡那卡那富的食物是怎樣的

manaasü akia niipun meesua tia tumatuuturu sua makanas siaköön

misee.

可能那個時候日本人還沒有來

Sua mamaarang tinmanamaku kaaria

我所知道的

sua kööneenia vina'ü

以前我們卡那卡那富完全只有靠小米

uuna pa tammi, tavünüvünü,

還有地瓜香蕉

uuna pa tanükü. [51]

芋頭

前文有提到，老人 Tama Pani 說日本人來之前，芋頭是主食之一——那麼族人又是如何食用芋頭呢？將芋頭做成什麼樣的料理呢？老人們說有一種傳統食物叫做 cunuku，將小米蒸熟後，加入蒸熟的芋頭或是地瓜、香蕉一起搗爛，做成 cunuku，如果加入芋頭做成的就是芋頭黏糕（tanʉkʉ

51　蔡恪恕，〈原住民族語料與詞彙彙編　南鄒卡那卡那富語期末報告〉，頁 149-150。蔡恪恕當時所採用的族語拼音 ü，2005 年教育部所頒定的族語拼音系統已經修訂為 ʉ。

cunuku），在打獵或遠行時會攜帶 cunuku 充作乾糧，能維持一、二天不壞。

　　過去族人上山打獵或遠行，會攜帶芋頭黏糕（tanɨkɨ cunuku）充作乾糧，tanɨkɨ cunuku 用芋頭或山蘇的葉子包起來，看起來像粽子，它有一個尖尖的尾巴方便拿取，族語叫做 ɨmpɨrɨkɨ，這就是傳統的糧食，現在外出或務農或許沒有帶 ɨmpɨrɨkɨ 作為外出時攜帶的糧食，但是在米貢祭時，各家族會交換 ɨmpɨrɨkɨ 作為交換禮物（圖 3-4-1）。[52]

圖 3-4-1　米貢祭各家族交換 ɨnprɨgɨ 作為禮物

　　Kanakanavu 過去的食材，許多蔬菜、瓜果採集自環境資源，例如：竹筍、野菜、絲瓜等。稻米原本是族人的禁忌作物，《蕃族調查報告書》曾留下這樣的紀錄：「本社人忌種植稻穀。因從前有人種稻時，惡疫流行，死亡者多。還有，後來每次有人種稻，社內就有人死亡等緣故。」[53] 後來日本政府強制族人開墾水田，種植水稻之後，米飯逐漸成為族人的今日主食，族人飲食習

52　林曜同，〈孔岳中口述：卡那卡那富田調訪談稿〉（2012 年 9 月 17 日，未刊稿）。

53　佐山融吉著、中央研究院民族學研究所編譯，《蕃族調查報告書·第三冊，鄒族　阿里山蕃　四社蕃　簡仔霧蕃》，頁 189。

慣已經受時間及外來因素影響而大為改變。

好吃的芋頭點心，但我們了解芋頭嗎？

雖然說，Kanakanavu 百年前的主食是——小米、芋頭、地瓜等，但現代人面對市面上販售的芋頭風味甜點或點心，對「芋頭」有多少認識呢？現代人所吃的「芋」，是這種植物的哪一部分呢？是根？還是莖？

市面販售的芋頭品種，特色是地下球莖為長球形或橢圓形，外皮有一圈圈褐色輪環，質地粗糙，剖開後，球莖的白肉中散布紫紅色筋絡（圖 3-4-2）。Kanakanavu 目前種植的芋頭，多屬於這種白肉芋頭，芋頭播種時間是 12 月至隔年 1 月冬季期間，收成時間則是 10-11 月秋季期間。[54]

圖 3-4-2　芋頭剖開後，球莖的白肉中散布紫紅色筋絡

此外，在老人們的記憶中，Kanakanavu 有一種黃芋頭，芋頭肉是黃色的，是野生的小芋頭，老人們稱呼為 katavang，可惜這種芋頭在 Kanakanavu 幾乎絕種消失不見了。[55]

54　林曜同，〈建構、分類與認同：南鄒族 Kanakanavu 認同之研究〉，頁 47。

55　邱碧華，〈Samingaz（藍林鳳嬌）、Humhum（謝林春里）、Uva（施彭梅）訪談稿〉（2018

Kanakanavu 的黃芋頭「katavang」

前文有提到，Kanakanavu 老人們說以前有一種叫 katavang 的黃芋頭，已經消失不見。原本以為 katavang 這種黃芋頭已然絕種，然而團隊探聽到有族人正積極復育這種黃芋頭，阿布姆得知她的表哥在山上種植用來保種的黃芋頭，阿布姆索求幾顆進行復育，希望將 katavang 這種 Kanakanavu 才有的黃芋頭種回來。

大多數人對於芋頭的印象，停留芋頭肉是白色的品種，怎麼有黃肉的黃芋頭呢？地瓜才是黃肉的啊！進一步探查黃芋頭的資料，阿布姆回憶起黃芋頭的口感——綿密、好吃，幾十年前還見得到黃芋頭，因黃芋頭蟲害嚴重，沒有經濟價值，幾乎絕種難尋了。

訪談中，阿布姆回憶起找尋黃芋頭的復育過程，眼神堅定訴說：「這就是代表 Kanakanavu 的芋頭！」阿布姆花費數年時間找尋 katavang，就是找尋族群的回憶：[56]

> 我們 Kanakanavu 認為（黃芋頭）是我們的芋頭。我有復育，我找了幾年，有找到過，但不小心又不見了。後來又再找，因為我表哥他媽媽其實是 Kanakanavu 的，我們保種的方法，就是一直種在土裡面，可是他們是種在山上，我拜託他拜託了二年，我今年才拿到的。但是本來有八粒，剩下六粒。我打算把它復育回來。

年 4 月 21 日，未刊稿）。

56　闕妙芬，〈Apuʻu（江梅惠）訪談稿〉（2018 年 8 月 3 日，未刊稿）。

圖 3-4-3　阿布姄種植的「黃芋頭」植株

　　Kanakanavu 族人對黃芋頭充滿種種情感及回憶，不光是口感綿密好吃而已，而且富涵族群認同。Na'u 在訪談中提到黃芋頭，眼中充滿淚水：「那是族群的啊！從小就被接受到，那個是我們的芋頭啊！想到黃芋頭就會想哭。」[57] 這種屬於 Kanakanavu 族群的黃芋頭，尚在復育階段，阿布姄將她費盡心力找到的黃芋頭，種植在達卡努瓦的「女人的田地（usu'uru）」中，外觀看起來和一般的芋頭沒有太大差別（圖 3-4-3）。

57　闕妙芬，〈Na'u（江秋美）訪談稿〉（2018 年 8 月 3 日，未刊稿）。

Tamu 告訴我們：我們婦女很有智慧的耕耘那塊地

有關「女人的田地（usu'uru）」的故事：

「女人的田地（usu'uru）」是 Kanakanavu 女性族人自給自足的表現，2009 年經歷莫拉克風災的重創，那瑪夏區受創最為嚴重，族人經歷長達 6 個月的收容安置，部分族人回到百廢待舉的部落，思考以後面對天災的不確定性，阿布娪和一些女性族人，決定找尋在地自主永續生存的方式，在達卡努瓦部落開闢了一塊田地，種植 tammi karu（木薯）、tanɯkɯ（芋頭）、tammi（地瓜）、tangtang（南瓜）、viaru（玉米）、nivanga（香蕉）。

開闢這樣田地的目的，當族人遇到天災、道路中斷沒有外援的時候，能靠田地種植的作物養活自己，靠自己的力量生存下來。族中老人說，這樣的田地在以前叫做 usu'uru，意思是「女人的田地」。

阿布娪將老人所說的話，寫在一塊黃色木牌上（圖 3-4-4），述說 usu'uru 的起源和自給自足概念：

Tamu 告訴我們——

以前 Kanakanavu 有一塊地，那塊地不大，卻有各式各樣農作物，但我們婦女很有智慧的耕耘那塊地，所以那

些農作物可供我們終年豐盛食用。又因為男人終年在外打獵，所以我們也不知道、也不懂那塊地是如何耕耘？但是每當我們找食物時，婦女們總是從土地取出食物，不用擔心餓肚子。

圖 3-4-4　女人的田地（usu'uru）黃色木牌

資料出處：
Apu'u（江梅惠），〈「Usu'uru：女人的田地」的復育〉，《原教界：原住民族教育情報誌》，81（2018），頁 20-21。

芋頭是祭典及生命禮儀重要祭品與禮品

芋頭在 Kanakanavu 的傳統祭典或生命禮儀互贈的物品中，是很重要的一種祭品與禮品。耆老 Pani Kanapaniana（孔岳中）2018 年 5 月 5 日在原住

民族電視臺播報族語新聞時，提到
族人祝賀新生嬰兒誕生，拿長相最
好的芋頭，當成祝賀禮品前往祝賀：

> 我們卡那卡那富族若有新
> 生的嬰兒，的確是全族最高興
> 的事了，所有的親友都要帶禮
> 物前往祝賀。以往這一類的禮
> 物大多是農作類，如最新鮮的
> 小米，長相最好的地瓜、芋
> 頭……那些禮物是用來與親人
> 相聚聊天用的，所以不求多，
> 重點在心意。[58]

圖 3-4-5　小米播種祭準備種植的芋頭

　　除此之外，芋頭也是小米播種祭（Rumarapu vina'ʉ）必備的祭品之一，
Kanakanavu 傳統的小米播種儀式，耆老與族人以慎重的態度，先祭告祖靈與
大地，而後安靜的播種小米種子，在小米種子旁，族人會播種芋頭，既當主
食也是用來保種。例如：2018 年 2 月 28 日在「女人的田地（usu'uru）」舉
行的小米播種儀式，族人們就準備芋頭，種在小米種子旁（圖 3-4-5）。前
文有提及，usu'uru 是一塊由部落婦女共同復育起來的空間，婦女在這塊田裡
播種小米、芋頭等作物，傳承 Kanakanavu 文化，延續過去老人們的生活與
經驗。

58　原住民族電視臺，〈新生嬰兒祝福儀式　祈祖先護祐長大〉。檢索日期：2018 年 9 月 6 日。網址：
　　http://titv.ipcf.org.tw/news-38810。

姑婆芋

　　大多數人還是對芋頭、姑婆芋分不清楚，甚至對姑婆芋的第一印象就是：「它長得像芋頭，但是有毒不能用、不能吃。」姑婆芋的族語名稱為 conu，植株長得很像芋頭（圖 3-4-6），在山區或者林間陰濕地都可以看到，因此被誤食的機率很大，姑婆芋整株植物，有大量生物鹼等毒性——塊莖、花、葉柄的白色乳汁皆有生物鹼，尤其在塊莖及種子等部位生物鹼毒性較大，如果誤食會引起喉嚨疼痛、口腔麻木及胃部灼痛和短暫的精神錯亂等，如果汁液不慎碰到眼睛，也會劇痛難耐。

　　雖然這二種植物外觀長得很相似，還是有分辨的方法——姑婆芋葉子光滑，水灑在葉片上，會擴散，水珠容易從葉子上落下；芋頭的葉面有毛，水灑在葉片上，會呈圓珠形不擴散。觀察葉面可以發現，姑婆芋濃綠富光澤，

圖 3-4-6　山邊林間常見的姑婆芋

芋頭則呈粉綠色。

日常生活離不開姑婆芋葉子

然而，族人日常生活卻是離不開姑婆芋葉子，姑婆芋的葉片很大，日常生活許多用途可利用姑婆芋葉片，族人只摘取姑婆芋葉子，小心處理葉片不碰到葉柄的白色乳汁，姑婆芋葉子是很環保的天然容器！

圖 3-4-7　鄒族人利用姑婆芋葉子當成餐墊

族人如何使用姑婆芋葉子呢？整理出以下幾項用途：

一、作為天然的餐具

沒有塑膠袋的年代，芋的葉子可用來裝盛食物，因為芋頭是特別栽種的主食，不會隨手摘去芋頭葉子作日常使用，因為隨手摘取芋頭的葉子，會讓細心摘種的芋頭長不大，甚至死掉。相反的，姑婆芋則是滿山遍野的生長，族人到山上打獵、農作，摘取山上林邊的姑婆芋葉子，或當成餐巾布包裹食物，變成簡易的便當；或折成漏斗狀，在野外當水杯盛裝溪水或泉水飲用；更可包盛獵獲的魚蝦、肉類，變成天然的袋子。2018 年 8 月撰者們偕同族人阿布娪前往阿里山鄒族特富野社，參加小米收成祭（homeyaya），也見鄒族人利用姑婆芋葉子當成餐墊，鋪設在竹杯下方避免弄髒（圖 3-4-7）。

二、作為天然的雨傘

下雨的時候，割下姑婆芋的葉柄連同葉子，巨大的葉片變成天然的雨傘！
既實用又兼具隨手取材的概念。

三、姑婆芋葉片作為釀小米酒的酒甕蓋子

過去 Kanakanavu 老人們釀小米酒時，她們拿姑婆芋巨大葉片當成酒甕
的蓋子，這樣的習慣延續到現在。請教老人 Abus（江朱樹蘭）如何運用姑婆
芋巨大葉片當酒甕的蓋子，老人描述使用姑婆芋葉片的方法：[59]

> 摘姑婆芋的葉子，要洗乾淨後晾乾，把葉子蓋在小米酒的甕上，
> 然後拿繩子把姑婆芋葉子連同甕口綁緊，大概三天小米酒就可以喝
> 了，因為姑婆芋的葉子可以透氣，不像塑膠袋那樣不透氣，小米酒
> 很快就好了。因為釀小米酒是女生的事情，過去老人們釀酒前要摘
> 姑婆芋葉子，也是女生去摘。

老人家緩緩述說 Kanakanavu 族人釀小米酒，由族中女性釀酒，釀酒過
程不能讓其他人看見，特別是懷孕的女性，如果被其他人看見，釀製的小米
就會發酵不起來，然後釀製的小米酒變酸、壞掉。這個女性摘去姑婆芋葉子
的習俗，和釀酒不可被他人看見的禁忌，Kanakanavu 至今仍遵守著，老人家
語氣強調地說：「這是絕對要做到，絕對喔。」

59　闞妙芬，〈Abus（江朱樹蘭）訪談稿〉（2018 年 8 月 5 日，未刊稿）。

四、覆蓋田裡土壤涵養水分

　　路過田野鄉間，偶爾見到田裡鋪上一層黑色塑膠反光布，這是農家為了抑制雜草生長，鋪上一層黑色塑膠布涵養田裡土壤的水分，也避免雜草叢生。但是，這種黑色塑膠布日曬久了，塑膠易碎裂混入土壤，非常難清理，對環境而言也不環保。

　　Kanakanavu 涵養田土水分有環保的作法，就是利用姑婆芋的大葉子。訪談時，Naʼu（江秋美）說老人們會拿姑婆芋的大葉子，覆蓋在田裡，用來涵養土壤水分，避免剛播種的幼苗，被陽光曬傷、枯萎，姑婆芋葉子也會自然分解成肥料，即使到現在，老人們還是這麼做，真的是取之於自然，回歸於自然。[60]

小結

　　對於 Kanakanavu 族人而言，芋頭是他們的主食，更是重要的作物之一。芋頭或姑婆芋葉子可作為許多日常生活用品，例如：盛裝食物的餐盤、野外裝水飲用的天然隨手杯、釀小米酒時的酒甕蓋子、或是覆蓋田裡土壤涵養水分。此外，品項良好的芋頭當成祝賀新生兒的禮品，每年的小米播種祭在小米種子旁種植芋頭，這些傳統儀式很容易因時代或生活改變而被遺忘。

　　特殊品種的黃芋頭，是 Kanakanavu 族群才有的 katavang，除了品嚐黃芋頭口感綿密、好吃之外，更多是品嚐過去的回憶；快要絕種的黃芋頭，保

60　闕妙芬，〈Naʼu（江秋美）訪談稿〉（2018 年 8 月 3 日，未刊稿）。

種復育過程，隱藏著 Kanakanavu 族人找尋自身族群的認同感，體認文化延續的必要性，如同過去長輩們以芋頭為主食而生活，再次把 Kanakanavu 才有的黃芋頭種回來，就像回復長輩述說以往的回憶一樣，延續老人們的生活與經驗！

Tapa（月桃）、Tapari（金線蓮）
Capaangana（百合）

Tapa（月桃，圖 3-5-1）莖狀的葉鞘曬乾後可製成草席或繩索。有時族人會直接將 pepe 或山肉、米飯直接用月桃（tapa）包覆綁緊，是另一種形式的便當，作為外出打獵備用糧食，因月桃葉的特殊氣味，可使食物保存兩、三天不至變味。[61]

若不幸被毒蛇咬傷時，通常在附近就能找到金線蓮（tapari），立刻將其莖葉吃下，可解蛇毒；不慎碰觸咬人貓、咬人狗引起過敏反應時，只要塗抹姑婆芋（conu）的汁液，即可緩解；Kanakanavu 的族人十分了解自然界的奧妙，具有毒性的動植物，其生長的環境附近，就會有能解

圖 3-5-1　月桃（tapa）葉曬乾後可製成草席或繩索

61　邱碧華，〈翁博學訪談稿〉（2020 年 1 月 19 日，未刊稿）。

155

毒的動植物，因此只要具備這些傳統的草藥知識，懂得如何利用，就能緩解
自身的病痛。[62] 文獻上記錄：「生瘡時，搗碎百合根塗敷」[63]，以此詢問翁博
學也得到印證，他說可將百合（capaangana）的球根搗爛，直接敷在爛瘡上，
可逼出膿瘍，達到消炎、消腫的作用。

62　邱碧華，〈翁博學訪談稿〉（2019 年 8 月 18 日，未刊稿）。

63　佐山融吉著、中央研究院民族學研究所編譯，《蕃族調查報告書・第三冊，鄒族　阿里山蕃
　　四社蕃　簡仔霧蕃》，頁 198。

第四章

喬木及灌木
之木本科植物

Sʉrʉ karu（茄苳樹）

中文名稱	茄苳、茄苳樹
族語	Sʉrʉ karu
學名	*Bischofia javanica* Blume
科屬名	大戟科（Euphorbiaceae）重陽木屬（*Bischofia*）
原產地	分布臺灣、印度、緬甸、泰國、印尼等地，為熱帶和亞熱帶的河堤或行道樹的樹種。
分布	廣泛分布於海拔 1,500 公尺以下之山地潮濕溝谷林中。
傳統用途與意義	Kanakanavu 神話流傳，族人是由茄苳樹葉變化而來，過去族人將茄苳葉加芭樂葉煮水給牛、羊喝，可治療牲畜拉肚子病症。

　　漢人的傳統民俗，認為茄苳樹具有驅邪的功用，且根、皮、葉均有藥性，是一種具有食療效果的樹種，茄苳樹的嫩葉可當成烹調的香料。然而，對於 Kanakanavu 族人而言，卻不這麼認為，茄苳樹從外表看起來，老茄苳樹的樹瘤和形狀，看起來很像惡人的臉，依據部落耆老們的經驗與傳說，茄苳樹是「靈喜歡靠近的樹」。

茄苳樹彷彿是「靈喜歡靠近的樹」

茄苳樹的族語名稱，叫 sʉrʉ karu，Kanakanavu 有關茄苳樹的傳說或神話故事很多，請教耆老 Mu'u（翁坤）有關茄苳樹的神話，老人首先表示：「那個有靈啦，靈（'ucu）很喜歡在那邊。」[1] Kanakanavu 的信仰，是萬物皆有靈的泛靈信仰。族人認為，世上每樣東西都有靈性，不論是人類、動物、植物，乃至山、河、大地、石頭、草木、器具等，每樣東西都有靈在上面，過去族人的習慣會一面工作，一面和身旁的山河草木說話。而 Kanakanavu 對於靈魂或鬼的認知，他們有五種區分，特別是 'ucu，Kanakanavu 界定 'ucu 既不是鬼，也不是人，而是天地之間萬物靈的靈魂。

'Ucu 是天地萬物的靈，彼此相互尊重

林曜同曾訪談族人 Pani Kanapaniana（孔岳中），談及 Kanakanavu 對於靈魂或鬼的認知，特別是 'ucu，不是大家既定觀念中的鬼，而是沒有形象的靈：

受訪者（孔岳中）：我們稱那個鬼啊，我們有五種鬼。Kanakanavu 有五種鬼啊。Apunanan。

訪談者（林曜同）：Apunanan，對，這我聽過。

1　闕妙芬，〈Mu'u（翁坤）訪談稿〉（2018 年 4 月 23 日，未刊稿）。

受訪者：你有聽過 'ucu 沒？

訪談者：'Ucu，有。

受訪者：'Ucu 有三種解釋喔。第一個，我前面有講，柱子。

訪談者：對。

受訪者：那是 'ucu。還有一個，'ucu 就是靈界的。Apunanan 是我很肯定，它就是指鬼。'Ucu 就是說喔，既不是鬼，不是鬼，也不是人。靈。

訪談者：所以 apunanan 算是比較不好的那種？如果講鬼是不是指不好的？還是？

受訪者：就是鬼喔，我要用那個最接近的意思，就是鬼啊。用中文講，最接近的：apunanan。

訪談者：對。

受訪者：但在我的腦袋裡面，因為就中文來講，鬼都是不好的。

訪談者：對對對。

受訪者：都是不好的。但是我們 Kanakanavu，apunanan 喔，它也不見得完全不好的。Apunanan 就是你要，跟我們人與人之間，互相尊敬嘛。

訪談者：互相尊敬，對對。

受訪者：它也不會害你，你也不會害它。不過是 apunanan 而已。

訪談者：對。

受訪者：但是 apunanan 用中文解釋就鬼啊。

受訪者：那那個 'ucu，'ucu 就是，它不是 apunanan，但是它是一個靈。

訪談者：是一種靈。

受訪者：是一種靈哪。我用中文解釋。

訪談者：那就跟 apunanan ？

受訪者：不一樣。

訪談者：它都是那種。

受訪者：鬼，靈界的東西呀。

訪談者：靈界的東西。

受訪者：都是靈界的。

訪談者：有沒有什麼形象？是人形還是動物形？

受訪者：沒有。

訪談者：沒有。

受訪者：我跟你一樣，我問過我們那個我們長輩們：Makana cape apunanan makana cape 'ucu ？ 'Ucu 就是 'ucu 啊。他給我的回答：Apunanan 就是 apunanan。我有問哪：Makana cape ？它的樣貌怎麼樣？ Aki'a cape，就是那樣子。我們沒有。我們現在會問那個形象，耶穌，耶穌有耶穌的那個，釋迦牟尼有釋迦牟尼的形象。我們大概有那個形象。我們

沒有耶。

資料出處：
林曜同，〈孔岳中口述：卡那卡那富田調訪談稿〉（2012 年 9 月 17 日，
未刊稿）。

　　團隊在翁坤家進行訪談，老人以聲音和手勢，生動的描述靈如何躲在茄
苳樹上，會發出什麼樣的聲音？老人們說，他們以前經過茄苳樹下，只要聽
到「wei～wei～wei～」的聲音，那個聲音就是靈發出的聲音！要小心迴避，
附近有靈存在。耆老 Mu'u 透過族人阿布娨翻譯解釋：

　　靈發出訊號不會講太多，如果在茄苳樹那邊發出「wei～wei～
wei～」的聲音，只會講三次，不過「三」！靈不會給你超過第四次的訊號啦！
那是很多族人的經驗，茄苳樹真的是靈很喜歡聚集的地方！還有，其他的樹
都很漂亮，就那個茄苳樹的樹幹，是這樣歪歪曲曲的，很醜。[2]

　　族中許多老人有這樣的親身體驗，傍晚工作結束後回家路上，或是經過
山林裡某條小徑，曾聽見 'ucu 在茄苳樹上發出的叫聲。而後，再次請教部落
老人 Abus（江朱樹蘭），Abus 沒有深入描述她的親身經驗，只是點頭輕聲
告訴我們：「這是真的，很多老人會說茄苳樹是『靈喜歡靠近的樹』，我自
己曾聽過 'ucu 的叫聲，是真的！」[3]

2　闕妙芬，〈Mu'u（翁坤）訪談稿〉（2018 年 4 月 23 日，未刊稿）。
3　闕妙芬，〈Abus（江朱樹蘭）訪談稿〉（2018 年 8 月 5 日，未刊稿）。

Kanakanavu「萬物有靈」的信仰

　　雖然，老人們口述內容會說
茄苳樹是「靈喜歡靠近的樹」，
一般人依照常理推斷，或許認為
Kanakanavu 族人討厭茄苳樹這樹
種，看到茄苳樹認為不祥將它砍掉
或毀掉，實際情況出乎大家的認
知。走訪達卡努瓦部落，見到族人
前庭或後院長著巨大的茄苳樹，或
自然長成、或特意栽種，族人不因
茄苳樹是「靈喜歡靠近的樹」，認
為不祥砍掉它。例如：老人 Abus
家的前庭生長著一棵四層樓高的茄
苳樹，經營「大地廚房」的族人江

圖 4-1-1　江明德住家後院的茄苳樹

梅英，她住家後院也生長三棵較小的茄苳樹（圖 4-1-1）。

　　說起族人的泛靈信仰，阿布婍回憶小時候和外公一起在田裡工作的情形，
阿布婍外公也是一面工作，一面和身旁的草木、石頭說話：[4]

　　以前跟外公到山裡、田裡工作，老人家都習慣和身旁的東西說

　　話，到小米田照顧小米時會和小米說話，到山上會和山上的樹說話，

4　闕妙芬，〈Apu'u（江梅惠）訪談稿〉（2018 年 8 月 3 日，未刊稿）。

不小心絆倒也會跟土地、石頭說話：「你（石頭）怎麼這樣不乖害，我踢到差點跌倒！或者你要我注意什麼？」

我們這樣一面工作，一面和萬物說話，感覺很貼近大自然。我們認為萬物有靈，茄苳樹也是，那只是有靈在上面，我們會跟靈說話，就好像我們跟家人、祖先說話一樣，並不會害怕。

阿布娪上述的解說，顯示 Kanakanavu 萬物有靈的信仰，茄苳樹在 Kanakanavu 觀念中雖是「靈喜歡靠近的樹」，但那只是萬物有靈的一部分，是存在世界裡面的一部分，我不犯你、你不犯我，彼此互相尊敬的意思。

阿布娪更進一步的解說，老人為何不喜歡茄苳樹？認為茄苳樹是「靈喜歡靠近的樹」的原因，因為百年以上的老茄苳樹，樹幹會生有「樹瘤」，「樹瘤」的樣子很像人的臉（圖 4-1-2），只是覺得那樣子醜醜的、不討喜：[5]

老人們不喜歡茄苳樹，因為老的茄苳樹的樹幹有瘤，一坨一坨的長得很像人的臉，看起來很醜，老人們不喜歡，不是因為樹上有害人的魔鬼，而且「'ucu」也是不是害人的鬼，「'ucu」只是靈的一種，是萬物有靈的一部分。

這種樹幹瘤狀突起的特徵，正是茄苳樹最大特色。隨著樹齡增長，茄苳樹外觀有許多不同於其他樹種的特徵，例如樹皮呈現赤褐色、有層狀剝落的現象（圖 4-1-3）；傘形的樹冠極具遮陽蔭涼效果，因為這樣的遮陽蔭涼的特色，族人也是利用茄苳樹作為遮陽蔭涼的樹種，種植在前庭或後院中。

5　闕妙芬，〈Apu'u（江梅惠）訪談稿〉（2018 年 8 月 3 日，未刊稿）。

圖 4-1-2　老茄苳樹的「樹瘤」　　　　　　圖 4-1-3　茄苳樹層狀剝落的樹皮

茄苳樹的神話故事

　　Kanakanavu 流傳的神話傳說，有一則神話故事與茄苳樹有關，這則神話出現於大正 4 年（1915）《蕃族調查報告書》書中，百年前由 'Angai 及 Saupu 兩位族人作為報導人口述，佐山融吉記錄下來，神話內容描述 Kanakanavu 族人的起源，是由茄苳樹葉變化而成的。

　　傳說內容大致說，久遠以前有一對夫妻，妻子名字叫做 Naniunu，當時 Naniunu 已經懷孕了。某一次丈夫和妻子 Naniunu 發生爭吵，丈夫憤而離開只獨留妻子 Naniunu，不久後 Naniunu 生下一個小孩取名 Navialangi，等待 Navialangi 長大後得知父母的過往，安慰母親 Naniunu，今後母子相依為命，並且踢向 sheulu（枷檀樹），第一次一踢，樹葉盡下紛紛相疊，瞬間疊成了一棟房子。又再度一踢，落葉悉數變成 Kanakanavu 族人，Navialangi 成為部

落的頭目。

　　這則茄苳樹神話因不同的報導人而有不同的版本說法，前往部落訪談族中老人，老人們大多記憶模糊或不知道有這樣的傳說。然而，族中耆老 Pani Kanapaniana（孔岳中）2018 年 3 月 24 日於原民住族電視臺播報族語新聞，提及一則百年前流傳的神話，與《蕃族調查報告書》書中記載的內容略有出入。然而，用茄苳樹葉造人的傳說，在鄰近的鄒族也有類似哈莫天神（Hamo）用茄苳樹的果實（有一說用茄苳樹葉）造人的傳說，《台灣鄒族的風土神話》述說鄒族這則古老神話：[6]

> 　　古時候哈莫天神（Hamo）搖著楓樹，楓樹的果實掉落到地上，
> 就變成人，是鄒和瑪雅族人的祖先。後來哈莫天神又撼著茄苳樹，
> 茄苳樹的果實掉落地上，也變成人，那是布杜（漢人）的祖先。

　　上述的二則有關茄苳樹神話故事，可見 Kanakanavu 起源的說法，由落下的茄苳樹葉變化而來，類似這樣的起源傳說，因不同的報導人而有不同的版本說法，是茄苳樹造人的傳說是最為特殊之處。

6　巴蘇亞・博伊哲努（浦忠成），《台灣鄒族的風土神話》（臺北：臺原，1999），頁 137-138。

猛力一踢，落葉變成了人！

　　《蕃族調查報告書》書中記載 Kanakanavu 族人的起源，部分傳說如下：

　　那時，有一對夫妻，丈夫名叫 Naongail，妻子名叫 Naniunu。有一天，妻子 Naniunu 說：「田裡的橘子樹結果了，你去替我摘一個回來好嗎？」丈夫答應了妻子的請求，到田裡摘回一個成熟的橘子。可是，妻子收下之後，又要求還要一個。丈夫再去摘了一個回來。可是妻子還是不滿足，又要求再摘一個。丈夫生氣地說：「你今天是怎麼了？一再地拿我尋開心？既然想吃橘子，為什麼不一起前往摘個滿意？」於是夫妻倆一起到了田裡，然而妻子的態度卻顯得異常冷淡，丈夫心中怒火難過破口大罵：「妳這混帳東西，竟然把我當奴才使喚！我不教訓你，後世人哪能知警惕！」接著，就把妻子綁在橘子樹上，又繼續罵：「妳這麼喜歡橘子，就跟橘子樹一起生活好了，夫妻的緣分就到此為止！」然後拂袖而去。

　　當時，Naniunu 已經懷胎十月，即將臨盆。丈夫走了不久，生下一個男孩，取名 Navialangi。Naniunu 被綁在橘子樹上，無法給兒子餵乳。只能低著頭、閉眼吞淚。

Navialangi 出生後，就得自立維生，啜飲草葉端的露水、摘食草木嫩葉過活。待他長大懂事，Naniunu 早已死亡多年，全身腐化，只剩一堆白骨。Navialangi 知道那是母親的屍骨，不禁伸出手撫摸，撫著撫著朽骨竟然動了起來，自組骨架；再撫摸，漸長出肉；又撫摸陸續長出皮膚、頭、眼睛，終能呼吸。Navialangi 非常開心，給予最後撫摸。Naniunu 哼了幾聲，完全復原，如夢方醒般，看看身旁，兒子也已長大。現在，除了這個孩子外，無可寄託和倚靠的。Naniunu 訴說了丈夫的無情，拉起兒子的手，抱在胸前，決定今後母子相依為命，感慨之餘，良久無言。

Navialangi 安慰母親：「既然有我，又何必哀嘆人世間的滄桑？我雖力薄，但必定讓母親過得安樂。」話未說完就突然站起，一腳踢向長滿紅葉的 sheulu（枷檀）[7] 樹幹，樹葉盡落，紛紛相疊，瞬間疊成了一棟房子。又再度一踢，落葉悉數變成人，其數不知幾百。Navialangi 成了他們的酋長，自此每天率眾上山狩獵，經常滿載而歸，社裡肉類未曾斷過，人們甚至吃膩了那種美味之物。

7　中研院重新校譯出版《蕃族調查報告書》，針對 Kanakanavu 流傳的這則神話所指「sheulu（枷檀）」樹，校譯者另外有註腳解釋：「sheulu 名稱待確認。本族有樹名 sʉrʉ（茄苳樹），可能是相同的指涉。」雖然中研院重新校譯《蕃族調查報告書》，解釋「sheulu（枷檀樹）」指涉是茄苳樹，但是只用一條註腳說明茄苳樹葉造人傳說的證據太薄弱。

　　耆老 Pani Kanapaniana（孔岳中）2018 年 3 月 24 日於原民住族電視臺播報族語新聞，提及一則百年前流傳的神話：

　　　　當時被訪問的是名為 'Akori 及 Saupu 兩位族人長輩。記錄是如此記載的，我們卡那卡那富族在遠古時代，原先住在名為 Nacɨnga 之地。在那裡最先出現的是夫妻兩人，男的名為 'Akori，女的名為 Niunu。當時那位 Niunu 已經懷孕了，孩子還沒生出來，但是不知道什麼原因？有一天她的丈夫 'Akori 突然不見了，從此沒有再出現了。他們種有一顆柚子樹，Niunu 就在那棵樹下生了男孩。當時柚子正好成熟了，她就摘取柚子的果子餵養小孩，為他取名為 Parumaci，獨立的把小孩扶養長大了。但是四周杳無人煙，生活總是覺得非常的孤單，悶悶不樂。母親又提起他父親突然失蹤的事件，對未來感到沒什麼希望。小孩回答說，我長大了，已經有力量保護母親，讓妳快樂。突然踢向枝葉茂盛的茄苳樹，樹葉紛紛落下，並疊成一棟棟的家屋。再猛力一踢！落葉變成了人，傳說那些就是卡那卡那富族的始祖根源。這是卡那卡那富族起源傳說的一種說法。

資料出處：
佐山融吉著、中央研究院民族學研究所編譯，《蕃族調查報告書‧第三冊，鄒族　阿里山蕃　四社蕃　簡仔霧蕃》，頁 170。
原住民族電視臺，〈發祥地 Nacɨnga 為卡那卡那富起源傳說之一〉。檢索日期：2018 年 8 月 14 日。網址：http://titv.ipcf.org.tw/news-37718。

茄苳樹葉的應用——醫療和料理

　　植物學或傳統醫學的研究，茄苳樹是極具藥用性質的植物，以前 Kanakanavu 的老人，也會拿茄苳樹葉來治療牲畜的疾病，只限於治療牲畜，沒有治療人的疾病。過去部落中有養牛、羊，每當牲畜拉肚子生病的時候，族人將茄苳葉加芭樂葉煮一大鍋水，連同葉子給牛、羊喝，可以治療牛、羊拉肚子病症。老人 Abus 描述過去治療牲畜的方法：[8]

> 　　以前還有養牛的時候，牛有時候會拉肚子不吃東西，這時候我們會摘茄苳葉加芭樂葉，用大鍋子煮成一大鍋水，放涼後拿給生病的牛喝，牛喝一喝病就好了，牛很愛喝水，也很愛喝用茄苳葉煮的水，甚至連煮過的茄苳葉一起吃光，羊也是一樣。

　　這是部落老人們的智慧，山上醫療不方便，人生病想找醫生治病得下山，更何況牲畜生病時，找獸醫醫治更是不方便，山上幾乎沒有獸醫可以醫治牲畜。所以老人們以過去傳承的經驗，用茄苳葉煮水過給牛、羊喝，治療牲畜拉肚子病症。

圖 4-1-4　江明德住家後院的茄苳樹樹葉

　　除此之外，茄苳葉葉緣有鋸齒，前端圓鈍，有尖的突出，表面平滑，有

8　闕妙芬，〈Abus（江朱樹蘭）訪談稿〉（2018 年 8 月 5 日，未刊稿）。

圖 4-1-5　利用茄苳葉做成的「鹽烤茄苳葉臺灣鯛」風味佳餚

小波折狀，具有特有的香氣（圖 4-1-4）。族人現在運用茄苳葉作為辛香類料理佐料——婦女 Savo（江梅英）負責「大地廚房」tamu 的餐，她直接摘取住家後院茄冬葉，洗淨後當成料理的辛香類佐料，研發出「鹽烤茄苳葉臺灣鯛」風味佳餚（圖 4-1-5）。

鹽烤茄苳葉臺灣鯛

　　族人江梅英說明「鹽烤茄苳葉臺灣鯛」的料理方法，配方和作法，如下：

材料：洗淨的茄苳葉數片、檸檬片數片、胡椒鹽一茶匙、臺灣鯛一尾。

作法：

1.將魚體內部洗乾淨，不要刮魚鱗，取嫩的茄苳葉數片洗淨後晾乾。

2.將洗淨後的嫩的茄苳葉、檸檬片、胡椒鹽一茶匙、鹽一小撮，將四樣佐料一起攪拌均勻，靜置約五分鐘後，塞入魚的腹部。

3.魚腹塞入上述佐料後，將魚兩面均勻抹鹽，放在炭爐上燒烤，如果沒有炭爐，就把魚放在烤肉網上，直接以瓦斯爐小火慢烤。

4.烤好後就是美味的「鹽烤茄苳葉臺灣鯛」風味佳餚。食用時把魚皮剝去，因為沒去除魚鱗，所以很好剝除魚皮。

小結

　　同樣是茄苳樹這種植物，Kanakanavu 族人、鄒族人、漢人各自在不同文化的情境下，顯現出不同的神話。Kanakanavu 認為茄苳樹是「魔鬼聚集的樹」，也流傳 Kanakanavu 族人可能起源自茄苳樹葉變化而來的傳說，與鄒族人的哈莫天神用茄苳樹果實造漢人概念相較，類似這樣的人由樹葉變化而來的傳說，因不同的報導人而有不同的版本說法，由茄苳樹造人傳說最特殊之處。

　　然而，茄苳樹葉具有藥性的特色，用來治療牲畜疾病，是 Kanakanavu 族人的智慧運用；喜愛茄苳葉的特殊香味，作為料理的辛香類佐料，更是讓 Kanakanavu 族人研發出新的風味佳餚。由此可見，同樣樹種，在不同文化的情境下，會顯現出不同的神話，不一樣的喜好與生活運用，都是顯現文化差異的表徵。

Coru karu（血桐）、Ravan karu（羅氏鹽膚木）、Nanɯncunai karu（構樹）、Nasovun（假酸漿）、Nangpun karu（冇骨消）、Ra'u（苧麻）、Vinɯn karu（山芙蓉）

喬木：血桐、羅氏鹽膚木、構樹

　　Kanakanavu 的竹筒飯是將米粒塞入桂竹內，還會摘片血桐（coru karu，圖 4-2-1）的葉片塞住竹管口，平日煮飯時也會摘些 coru karu 當作鍋蓋，純粹是蓋子的功能，並不具備食用的功能。不管是竹筒飯或是當鍋蓋都會和食物直接接觸，由此可知族人確知 coru karu 是不具毒性的植物。

圖 4-2-1　葉片很大的血桐（coru karu）

另外，coru karu 的中文名稱叫做血桐，因為摘取葉片之後，流出的汁液呈現紅色，故名為血桐（圖 4-2-2），當有族人患有皮膚癬時，可將 coru karu 的汁液直接塗抹患處，幾次後即可緩解症狀（圖 4-2-3）。[9]

圖 4-2-2　血桐汁液呈現紅色

'Angai ka'angaiana（翁博學）帶領團隊看到一棵葉子枯黃毫不起眼的喬木，他說這是 Kanakanavu

圖 4-2-3　塗抹血桐汁液可治皮膚癬

大有用處的植物，叫做羅氏鹽膚木（圖 4-2-4），族語名稱是 ravan karu。它的果實是鹽巴的替代品，族人會用來醃肉、煮湯、調味。上山砍柴所用的 ca'a（背材架，圖 4-2-5），就是用羅氏鹽膚木製成的，因為它硬度夠且曬乾後重量很輕，較不會增加重量的負擔，而且族人很聰明，懂得砍下有分叉的樹幹兩根，綑綁固定後即成；羅氏鹽膚木也是很好的柴薪。[10]

9　邱碧華，〈翁博學訪談稿〉（2020 年 1 月 19 日，未刊稿）。
10　邱碧華，〈翁博學訪談稿〉（2020 年 1 月 19 日，未刊稿）。

圖 4-2-4　枯黃的羅氏鹽膚木（ravan karu）　　圖 4-2-5　Ravan karu 製成的揹材架

　　打獵是 Kanakanavu 很重要的生活方式之一，請教 'Angai ka'angaiana 早期打獵的情形，他說打獵和捕魚相同，都會有家族的固定獵區，如果正在追捕的動物，跑到其他氏族的狩獵區時，獵人仍然可以繼續追捕，如果最後有捕獲獵物，還是可以把動物搬回來，但是必須將動物的頭顱分給該氏族，獵人只可將身體取回。去狩獵途經其他氏族的獵區，發現陷阱裡已有動物掉落，獵人若將其獵物背回，可以獲得一半的獵物，但頭部仍要留給獵區的主人，因為獵物的頭顱越多代表獵人的階級越高，所以越區的獵物頭顱必須歸還。[11]從打獵區域和獵物的分配，可看出 Kanakanavu 非常重視資源的共享而非獨享。部落很早就開始使用獵槍，因此也懂得如何自製火藥，ravan karu 就是重

11　邱碧華，〈翁博學訪談稿〉（2019 年 8 月 17 日，未刊稿）。

要的材料之一。鍾明哲、楊凱智的《台灣民族植物圖鑑》也提及，將羅氏鹽膚木燒成木炭，磨成粉加入硫磺粉、硝石粉就可做成火藥，且效果比其他木材更好，是早期有在打獵的族群普遍的火藥材料。[12] 'Angai ka'angaiana 回憶火藥的製作方法，他說：「將樹幹曬到中乾，燒成木炭，拿出來放涼或潑水再曬乾，再搗碎和硫磺一起做成火藥，小心輕輕搗得細細的，再拿去曬，不可在大太陽底下曬，怕會爆炸，以前就有人弄得太大力就爆炸了，一定要小心。曬太乾就燒不成木炭。」[13] 由上述訪談得知，Kanakanavu 的獵人是先把 ravan karu 燒成木炭，然後再小心的搗碎和硫磺和在一起後陰乾，就成了獵槍的火藥了。

山上還有另一種重要的樹種，族語稱為 nanʉncunai karu（構樹，圖 4-2-6）。以前山上有野鹿時候，構樹葉子可當作鹿的食物，所以平地人常稱呼這種樹叫「鹿仔樹」，意思為鹿愛吃的樹種。Kanakanavu 的族人砍下 nanʉncunai karu 樹幹，經剝皮、刮皮、曬乾後作為繩索。

灌木：假酸漿、方骨消、苧麻、山芙蓉

走在達卡努瓦的小路上，'Angai ka'angaiana 指著遠處一棵長著大片葉子的植物說，那是假酸漿葉（圖 4-2-7），吃過幾次排灣族的吉拿富（cinavu），第一次見到植物本尊，調查團隊好奇 Kanakanavu 也會利用此植物嗎？鍾明

12　鍾明哲、楊凱智，《台灣民族植物圖鑑》（臺中：晨星，2012），頁 249。
13　邱碧華，〈翁博學訪談稿〉（2020 年 1 月 19 日，未刊稿）。

圖 4-2-6　構樹（nanʉncunai karu）

哲、楊凱智在《台灣民族植物圖鑑》提及：「寬大的葉片被卑南族、排灣族人用來包製山地粽：奇拿富與阿拜。」[14] 可見卑南族、排灣族都會拿假酸漿葉來包粽子。經 'Angai ka'angaiana 解說才知道，原來 Kanakanavu 族語稱作 nasovun 的假酸漿葉也會用來包覆肉、糯米，外層則是以月桃葉包裹經蒸煮後，成為外出耕作、打獵時的糧食，族人稱此食物為 cavucavu；不只如此在野外煮飯時，在飯將熟之際，採些 nasovun 嫩葉覆蓋在上，飯會變成黃色且具有香味，用餐時葉子連同飯一起食用。

14　鍾明哲、楊凱智，《台灣民族植物圖鑑》，頁 170-171。

佐山融吉的記錄中，有一關於頭痛使用藥草的紀錄：「頭痛時，摘取 talakasun 樹葉，搓揉後敷在額頭，再用布纏綁起來。」[15] 調查團隊以此為題詢問部落內老人家，他們對於 talakasun 這個族語一無所知，但很肯定的說，當發燒頭痛時會用一種長長的葉子，採下來直接用毛巾、衣服綁在額頭，就會慢慢緩解，不過因為是久遠前的記憶，植物的名稱無法確定，直到 2020 年 1 月跟隨 'Angai ka'angaiana 至野外走訪，他突然指著一棵葉子被蟲啃過的植物說：「有人發燒時，就拔這個放在額頭，用毛巾綁著退燒。」[16] 原來長輩們說的就是 nangpun karu（冇骨消，圖 4-2-8）。不過不管是佐山融吉

圖 4-2-7 假酸漿葉（nasovun）

圖 4-2-8 被蟲啃咬過的冇骨消（nangpun karu）

---

15 佐山融吉著、中央研究院民族學研究所編譯，《蕃族調查報告書‧第三冊，鄒族 阿里山蕃 四社蕃 簡仔霧蕃》，頁 198。

16 邱碧華，〈翁博學訪談稿〉（2020 年 1 月 19 日，未刊稿）。

記載的 talakasun 或 'Angai ka'angaiana 說的 nangpun karu，在原住民族語言線上辭典都查不到資料。轉而上網查詢該種植物相關資訊：「是本土固有植物中最重要的蜜源植物……。全草：消腫解毒，利尿，解熱鎮痛，活血散瘀。」[17] 原來是臺灣本土原生種且是重要的蜜源植物，難怪現地看到的這棵樹，葉片會有那麼多蟲咬的痕跡；文中亦有提及解熱鎮痛的功用，由此看出 Kanakanavu 祖先很能掌握生活周遭的植物，知道那些具備藥草功能，能夠在需要時加以運用，解決族人醫療需求。

苧麻（Ra'u，圖 4-2-9）砍下已成熟的莖幹，經剝皮、刮皮、曬乾後即可成為線材，'Angai ka'angaiana 說此種線材一般就是用來綑綁，例如獵人會拿來做成套繩布置陷阱，也會用來綁住魚笱兩邊，在用石頭壓住繩索

圖 4-2-9　Ra'u（苧麻）

固定在溪流裡；也可用來編織成日常使用的網袋。[18] 另一用途是織布與巫師施法時的苧麻繩（ngiri），江梅惠說 ngiri 使用時機是在儀式結束進前，用來祝福與儀式收尾。[19] 2019 年調查團隊參加米貢在儀式進行至尾聲時，主祭拿

17　認識植物，〈冇骨消〉，檢索日期：2020 年 2 月 6 日。網址：http://kplant.biodiv.tw/%E5%86%87%E9%AA%A8%E6%B6%88/%E5%86%87%E9%AA%A8%E6%B6%88.htm。

18　邱碧華〈翁博學訪談稿〉（2019 年 8 月 17 日，未刊稿）。

19　劉正元，邱碧華〈江梅惠、江秋美訪談稿〉（2018 年 8 月 3 日，未刊稿）。

圖 4-2-10　米貢祭典上主祭揮動 ngiri

出了 ngiri 在眾人前揮了幾下（圖 4-2-10），接下來走到圍成圓圈唱歌的參與者面前，讓每位族人用手摸一下，表示給予祝福，也是將整個米貢儀式做個收尾的意思。

　　山芙蓉（Vinʉn karu）在《台灣民族植物圖鑑》記錄：「別看山芙蓉的樹枝纖細，它的樹皮內富含堅韌的纖維，能編織成強韌的繩索而廣為各民族所利用。」[20] 意思是說山芙蓉因為樹皮堅韌，可編織成強韌的繩索，

20　鍾明哲、楊凱智，《台灣民族植物圖鑑》，頁 188-189。

181

是臺灣各族群廣泛使用的植物。Kanakanavu 也同樣利用來做繩索、線材，可用來編織揹帶。樹皮經過剝皮、泡水、剮除表皮、撚線後即成線材，這是 'Angai ka'angaiana 帶領調查團隊去野外認識植物時，指著路邊的 vinʉn karu 告訴我們的。[21]

21　邱碧華，〈翁博學訪談稿〉（2020 年 1 月 19 日，未刊稿）。

第五章

藤類及其他科植物

Tuncu（魚藤）

中文名稱	魚藤、櫨藤
族語	Tuncu
學名	*Millettia pachycarpa* Benth.
科屬名	豆科（Fabaceae）老荊藤屬（*Millettia*）
原產地	臺灣、印度北部、孟加拉、中南半島及中國西南各省。
分布	臺灣 1,000 公尺以下的山坡向陽地，中部低海拔山區林緣及溪旁，是常見的本土植物。
傳統用途與意義	搗爛根部後所流出的白色汁液，放到溪水中，可使魚類行動遲緩而易於捕捉，以「魚藤補魚」是 Kanakanavu 傳統的捕魚方法之一。

　　「櫨藤」這個名詞，首次見到是在《蕃族調查報告書‧第三冊，鄒族 阿里山蕃 四社蕃 簡仔霧蕃》（以下簡稱《蕃族調查報告書》）這本書中，文中內容描述 Kanakanavu 的傳統捕魚法：「食用以『櫨藤汁』毒死的溪魚。」當下對櫨藤這種植物，可謂陌生、不清楚這是何種類型的植物。甚至連「櫨」這個字的讀音要怎麼唸？是有邊讀邊，與「盧」同音嗎？都不確定。

魚藤？還是櫨藤？

「櫨藤」簡單來說，是一種捕魚的「毒魚藤」，是臺灣山坡常見的藤蔓類植物。Kanakanavu 族語名稱為 tuncu，中文俗稱魚藤或毒魚藤。比較特殊之處，「櫨藤」這一名詞，只出現在《蕃族調查報告書》書中，其他的相關文獻，例如：連橫的《臺灣通史》及伊能嘉矩的《臺灣蕃人事情》等文獻記載，當時臺灣漢人與原住民都是使用「魚藤」這名稱，而不是使用「櫨藤」。原住民族委員會的 Kanakanavu 族語教學網頁，tuncu 的中文名稱翻譯為「毒魚藤」。因此，基於上述種種因素，除了引述《蕃族調查報告書》的引文，會依照原文使用「櫨藤」一詞沒有變動外，其餘的內容，則是採用「魚藤」這項中文俗稱，方便讀者與其他文獻相互參照，使讀者清楚了解 Kanakanavu 稱呼為 tuncu 的這種植物，並介紹族人利用魚藤的傳統捕魚法。

魚藤是重要的漁獵相關植物

魚藤是早期原住民常用毒捕溪中魚蝦的重要漁獵植物，例如：泰雅族、布農族等，魚藤也是 Kanakanavu 非常重要的漁獵相關植物。揭開魚藤的神秘面紗前，我們先了解文獻上有關魚藤的早期記載，除了當時原住民使用魚藤捕魚，漢人也會使用魚藤捕魚：

《臺灣通史·卷二十八》記載，魚藤：葉並生，性毒，服之死。鄉人用以毒魚。[1]

1　連橫，《臺灣通史（下冊）》（南投：臺灣省文獻委員會，1992），頁 785。

　　由《臺灣通史》內容可知，漢人早在清領時代，已經用魚藤捕抓魚類，若再對照日治時期的文獻資料，伊能嘉矩在《臺灣蕃人事情》也記載泰雅族、布農族用魚藤來獵捕魚類的方法。[2] Kanakanavu 用魚藤的毒性抓捕魚蝦的明確文字記載，是《蕃族調查報告書》中，佐山融吉描述族人的漁獵方法，反覆捶打「櫨藤」（魚藤），利用擊碎的魚藤汁液，流放於溪水中，利用魚藤的化學成分迷昏魚蝦，並食用捕獲的漁貨。

　　Kanakanavu 傳統的魚藤捕魚法相關記載，歸類以下幾項族人的傳統生活方式：

1. 傳統的中捕魚法，以鐵絲折彎自製魚鉤釣魚，以蟲或蝦為餌的釣魚法，以石頭敲碎魚藤，用魚藤汁抓捕魚蝦，只是傳統捕魚法的其中一項，其餘傳統捕魚法，如：叉魚法，用 5 寸左右的尖刺（尖刺材料為竹或鐵製成），製成三叉或四叉的魚叉刺魚。

2. 利用魚藤的汁液捕魚，雖然依上述名稱為「毒魚」，但因魚藤毒性低，僅使魚蝦麻痺昏迷，不會使魚蝦死亡，嚴格來說，魚藤毒魚法稱為「魚藤捕魚法」更為恰當，而利用魚藤捕獲的魚蝦，人吃了也不會中毒。

3. 過去沒有冰箱的時代，利用魚藤捕獲的魚蝦如果豐收、量多，族人將漁獲用食鹽醃製成魚乾，或以日曬成魚乾方式來貯藏；相對之下，捕獲的魚蝦如果量少，則用火燻烤成魚乾的方式貯藏。

2　伊能嘉矩、粟野傳之丞著，傅琪貽（藤井志津枝）譯註，《臺灣蕃人事情》（新北：原住民族委員會，2017），頁 83 及頁 101。

相關的文獻記錄，道出百年前 Kanakanavu 的傳統捕魚方式和生活智慧，更能理解這項傳統捕魚方式，僅使魚蝦麻痺漂浮水面，人吃了捕獲的魚蝦也不會有任何傷害。

Kanakanavu 的魚蝦捉捕與食用

《蕃族調查報告書》描述 Kanakanavu 飲食方式，以及如何利用魚藤捕捉魚蝦的方法：

飲食：

主要食物為粟、番薯、香蕉及芋頭等。肉食方面，有鹿、豬、山羊、猴、羌等肉。不吃雞肉和小鳥肉。還食用以櫨藤汁毒死的溪魚。較常吃的蔬菜有洋蔥、蒜、花生、絲瓜及芥菜等。

漁撈：

有將鐵絲折彎自製魚鉤釣魚，並以蟲子或蝦子為餌。但最普遍的方法是，於溪流上游，以石頭敲碎櫨藤，使其汁液流入溪中，等魚類中毒麻痺漂浮水面時，用三叉或四叉等長約五寸的魚叉刺起。據駐在所調查，最常見的魚類是鯉化鯉、白魚仔石與魚、謝免魚、大目鱸、內山魚等。

　　漁獲豐時，以食鹽醃製或以日光曬乾貯藏；漁獲寡時，則
以火烤乾貯藏。

資料出處：
佐山融吉著、中央研究院民族學研究所編譯，《蕃族調查報告書‧第三冊，
鄒族　阿里山蕃　四社蕃　簡仔霧蕃》，頁 189-190。

揭開魚藤的廬山真面目

　　雖然上述文獻資料詳細記載魚藤捕魚的方法，但大多數人對魚藤這種植
物的真實樣貌，還是一無所知。團隊到那瑪夏區達卡努瓦里做民族植物學踏
查，總算見到魚藤的廬山真面目！4 月拜訪瑪雅工坊的 Na'u（江秋美），談
及需要拍攝當地植物照片，特別是寓涵 Kanakanavu 文化特色的植物，Na'u
提及魚藤是必拍植物之一。接著她領著大家到她住家後方山坡地，指著其中
一株不起眼的植物，說：「那就是魚藤。」（圖 5-1-1）。

　　根據該日現場的實際觀
察，魚藤是野生的，不是族
人刻意栽種，魚藤旁邊還有
野生的茄苳樹苗以及 Na'u
種的龍鬚菜，剛好三樣植物
都生長在同一地方。雖然經

圖 5-1-1　魚藤的植株與羽狀葉

圖 5-1-2　魚藤的木質莖部　　　　　　　　　圖 5-1-3　魚藤嫩葉呈紅褐色

Naʼu 解說，但我們還是很難認出這不起眼的植物是魚藤。魚藤是臺灣中低海拔山區及溪流旁常見的本土藤蔓植物，莖具攀爬性，屬於木質藤本植物，喜好生長在向陽的山坡地。老魚藤的木質莖部像老樹樹幹一樣，藤莖直徑大到要多人合抱。現場拍攝的這株魚藤，僅是野生的小魚藤，木質莖部細小還不粗大（圖 5-1-2）。

　　魚藤的葉子最大特徵，是大型羽狀複葉，形狀近似長橢圓形，剛長出的新葉呈紅褐色，葉片到了晚上會下垂呈現開闔聚攏的現象，出現了植物學所謂的「睡眠運動」。幾個月後再次拜訪 Naʼu，傍晚約 5、6 點時分到她住家後方山坡地，拍攝當地植物照片，一樣的地點、一樣那株魚藤，然而在不同的時間點，讓我見到魚藤葉片下垂呈開闔聚攏的「睡眠運動」現象（圖 5-1-3）。

植物葉片下垂呈開闔聚攏的「睡眠運動」現象

植物的葉子和花會隨著日夜變化有開闔聚攏現象，植物學上稱它為「睡眠運動」（sleep movement）。植物葉片基部具有葉枕，它平時是充水的，葉片藉著水壓得以挺直伸展，隨著日夜的光線和溫度變化，影響葉枕內的水分含量，白天水分多、水壓高，葉片就自然開展，晚間水分少、水壓低，因此葉片就往下垂，這種葉片下垂現象就是「睡眠運動」（sleep movement）。

資料出處：
生物科共同備課網，〈睡眠運動與向光運動〉。檢索日期：2018 年 11 月 21 日。網址：https://bioshchen.weebly.com/30561304963693921205333287215212080936939211205.html。

魚藤低毒性、不汙染溪流的特性

魚藤具有低毒性能用來捕抓魚蝦，因其本身含有魚藤酮（Rotenone），魚藤酮是一種無色、無味、低毒性的結晶化合物，透過反覆捶打魚藤根部，產生白色汁液，讓含有魚藤酮的汁液溶入溪水中，可讓魚蝦暫時麻痺昏迷，不是立刻死亡，麻痺昏迷的魚蝦過一段時間會自然甦醒。雖然魚藤酮具有低毒性，其毒性是天然化合物會自行分解，不會使生物產生耐藥性，再加上溪水自然稀釋的作用，也不會汙染環境。

但是，現在的毒魚方式，是將化學藥品投入溪流中，利用化學藥劑的毒性讓魚蝦死亡，不僅汙染溪流水源，也會殘害水中其他生物，造成大量死亡，導致生態浩劫。相對之下，原住民早期用魚藤來「毒魚」，是利用魚藤低毒性暫時麻痺昏迷溪流魚蝦，進而網捕所需要的漁獲，其餘沒有網捕到的魚蝦，則是讓它們甦醒後游走，沒有趕盡殺絕，更沒有造成生態資源枯竭。

魚藤捕魚法及其概念

Kanakanavu 是依存河流而生活的民族，傳統的捕魚方法有刺魚法（魚叉）、網魚法、釣魚法、毒魚法、堰魚法。Kanakanavu 的毒魚法，就是利用魚藤來捕魚，捕魚的步驟：先搗爛、捶打魚藤根部，收集流出的白色汁液在竹筒中，將白色汁液灑到溪水中，可使魚類行動遲緩而易於捕捉，然後反覆捶打魚藤根部再將汁液灑入溪水，直到沒有乳白汁液為止。余瑞明編《台灣原住民曹族——卡那卡那富專輯》可見到這項捕魚法的描述：「以石塊將毒藤之根擊碎，以其毒汁注入自上流狹窄處注入溪中，自下流以手網取魚。」[3]

然而，這樣短短數句話來描述 Kanakanavu 的毒魚法，或許太簡單、模糊。參照鄒族魚藤捕魚法的文獻資料，較詳盡的更能了解魚藤毒魚法的進行時間、地點、過程或分工狀態。雖然，巴蘇亞·博伊哲努（浦忠成）《台灣鄒族的風土神話》書中描述的「鄒族」，是指阿里山鄒族（過去稱為北鄒），而 Kanakanavu 在過去被歸類為「南鄒族」，但是參照北鄒的魚藤捕魚法，是利用溪水流量較少的乾枯期，不會選在魚蝦產卵的豐水期，即使有些昏迷的

---

3 余瑞明編，《台灣原住民曹族——卡那卡那富專輯》，頁 17。

魚蝦流走，也不會追趕捕殺殆盡，昏迷麻痺的魚蝦過一段時間也會自然甦醒。

再引述蔡恪恕訪談耆老 Tama Pani（蔡能喜）的訪談稿，[4] 可見過去 Kanakanavu 利用魚藤捕魚的描述：

apacueno cumu'urape vutukuru eesi maacunu nuu apataravaci nia sua eesan'inia.

我們毒魚，魚如果流走了，流到別人的區域就不能去抓了

Ka'ancu aramün kee

他不能追那個魚

mara uici tumukutuuku apa'acun 'inia ara 'inia sua vutukuru.

拿一種草把毒死的魚打一下，魚就會活過來了

Makasuaci makasua sua siputukukeekiu'u mamaarang. Sua kanakanavu.

以前卡那卡那富就是這樣工作的

Akia sua tia makai marisuacü

沒有人會講說：「這是我的。」

捕魚方式進行全社或家族性的捕魚，所得到的漁獲是參與的族人共享，過程中包含社會分工和家族劃分，例如青壯男子負責挖掘魚藤根，年輕人負責前行追捕較大的成魚；漁獲的分配是由老人統一來分配。所以，魚藤捕魚法不是單純的捕魚而已，而是具有生態、社會、文化的共享河流資源的文化態度。

4　蔡恪恕，〈原住民族語料與詞彙彙編　南鄒卡那卡那富語期末報告〉，頁 66。蔡恪恕當時所採用的族語拼音 ü，2005 年教育部所頒定的族語拼音系統已經修訂為 ʉ。

鄒族魚藤捕魚法

《台灣鄒族的風土神話》內容中，有描述阿里山鄒族（北鄒族）的魚藤捕魚法，而 Kanakanavu 在 2014 年 6 月 26 日正名之前，群族歸類為南鄒族，其生活習慣與北鄒族相近，故援引北鄒族傳統的魚藤捕魚法文獻加以補充說明：

> 與全社相關而具社會意義的捕魚行為是毒魚。它是由全社的成員共同進行的，平時個人可以在屬於自己家族的河區內釣、叉、網魚，但毒魚是不被允許的。每隔一段時間，大體是在河水較淺的時期，全社約定時地後，青壯的男子負責挖掘供迷昏魚類的毒藤樹根，接著全體聚集在河流上游，男子們以木棒、石塊捶擊藤根後一齊投入水中，人們便隨之而下，沿流只見魚鰻蝦蟹浮游於河面，男女老少便持網捕取，較大的成魚一聞藤毒，往往向下游逸去，奔行快捷的年輕人便負責前行追捕，而老弱行緩的人則在後慢步而仔細搜尋昏滯的魚蝦；藤毒流走不久，所有的魚類大致都會復甦，此際收穫已豐，全體便攜著所獲魚，聚集於平坦開闊處，把漁獲倒成一堆，眾人便推派老者逐一分給每一位參與的人，人人便循前路返社。

資料出處：
巴蘇亞・博伊哲努（浦忠成），《台灣鄒族的風土神話》，頁 75。

魚藤捕魚法意涵，年齡分工與共享的態度

　　前文已經描述鄒族及 Kanakanavu 這項補魚法的步驟，Kanakanavu 對河流的概念是河流為大家的，不屬於某人或是某家族所有的，不能說某河段是我家族所有，別人不可以進來；也不會認為某河段的魚蝦、水藻等水中資源全歸我家族所有，所屬河段的魚蝦、水藻等資源，也是取自己所需，不可以濫捕殆盡。所以，Kanakanavu 對河流的概念，家族對河流具有區域管轄權，而沒有所有權或統治權的。

　　尊重河流而不予取予求的觀念，深刻烙印在族人的世代傳承中，透過耆老 Tama Pan 的話語，能見識到族人對河流的敬重，以及各家族共享河流資源的概念：[5]

Kapeepepe kanakanavu aravarisua caküran.

我們都是卡那卡那富，現在調到大河流那邊

Sua cakürantataia ka'ia sua caküran tatiaia. Caküran namasia sua nganaini.

大河流那邊的民族叫做 caküran tatiaia

Sua cakürantataia ka'an tavara'ün tia takaciicin tumuncu si suaisia caküra tatia.

Teekia arupaatuuturunu,

不能在大河流裡隨便毒魚，因為河流是大家的

5　蔡恪恕，〈原住民族語料與詞彙彙編　南鄒卡那卡那富語期末報告〉，頁 65。蔡恪恕當時所採用的族語拼音 ü，2005 年教育部所頒定的族語拼音系統已經修訂為 ʉ。

tekia tumatuncu

毒魚

nakai sua nungungunguia pakasu kavangvang sau nungunungu paapicipicin,

pangürüngürü soovungu

無論…這個小河都給他一樣分別

Canpininga canpininga misei

分成一家一家的

apacueno nuukai canpininga urucin piningaia makasua araukukunu nooteeni.

aranungununguia arupaatuuturu.

無論有幾家，都一起開會討論（商量）這個小河要怎麼辦

Nakai ka'an tavara'ü sua tia cumaca'ivi no teci tumatuncuia.

分別了以後，不能說：「那是我的地，你不能過去。」

（不能不准別人經過自己的區域）

Ka'an tavara'ün cumaca'ivi sua eesan

有界限，我們不能過去

上述 Tama Pani 的話語，表達各家族分段管理河流的觀念，卻不獨佔擁有河流資源，所有族人公平的分享漁獲，族人只取生活所需，不隨便濫捕魚蝦，更是尊重各家族組織的社會倫理表現。

然而，這樣的魚藤捕魚傳統，現今遇到一些現實考驗，讓這項傳統捕魚法面臨考驗。1992 年通過的〈三民鄉境內楠梓仙溪魚類資源管理辦法〉，

禁止於河川使用麻醉藥等物品獵捕魚類。此外，2009 年莫拉克風災的摧殘，讓族人原本賴以生存的楠梓仙溪受到嚴重破壞，因此在這樣的時空背景下，魚藤捕魚已經無法像文獻記錄的那樣，全族老少一起進行這項傳統。

　　但是，族人仍然沒有忘記，河流是養育族人生存下去的資源，魚藤捕魚是全族不可忘記的傳統，耆老 'Angai ka'angaiana（翁博學）2018 年 1 月接受原住民族電視臺專訪時，表達了這樣的概念：

> 　　對著河裡的魚說，請你們接近我吧！不用害怕，不必擔心接近
> 我。因為我只會挑選大的，我們不會使用小的，那些還小的要繼續
> 讓牠們成長，未來長大了才可使用……這個毒藤我們有一種解毒的
> 方法。地瓜是最好解毒的方式，地瓜嚼一嚼丟到水裡面，魚馬上就
> 復活起來了，牠就不會死了。[6]

'Angai ka'angaiana 接受電視臺專訪時，表達族人對於河流的敬重和共享態度，轉而顯現於河祭的慎重舉行，魚藤成為河祭時的祭品之一。透過祭典告知河神，族中傳統，魚藤是族人捕魚的重要工具之一，請河神讓族人安全的在溪流活動。'Angai ka'angaiana 專訪時更明確說：

> 　　帶著要使用的工具稟報掌管溪河的神，從家裡出發的時候就要
> 進行儀式。諸神啊！我們卡那卡那富族人，已經抵達此河流了，我
> 們要慎重的祭祀了。諸神啊！這是我們今年要使用的工具，這裡有
> 柴火把、魚叉、撈網以及魚藤。這些米粒，這些地瓜以及蘆葦草，

6　原住民族電視臺，〈卡那卡那富族河祭　祈求漁獵豐收、平安〉。資料檢索日期：2018 年 8 月
　　21 日。網址：http://titv.ipcf.org.tw/news-35779。

要用來捕魚蝦的。

這裡面最重要的是要跟河神稟報告訴河神，我們族人要進行這些活動了，祈求保佑平安，我們虔敬的跟祢稟報，請幫助我們排除干擾，讓族人的捕魚活動能夠順利有好的收穫跟家人分享。[7]

上述專訪，'Angai ka'angaiana 提到魚藤捕魚的這項傳統，以及族人對於傳統精神的延續，「魚藤捕魚」更是族人不可忘記的傳統捕魚方式。

河流和溪流文化民族

在 Kanakanavu 的日常生活裡，溪流（nungnung）和河流（cakʉran）是很重要的生活場域。特別是溪流（nungnung），只要族人聚在一起，溪裡的螃蟹、蝦、魚、水藻等總是大家眉飛色舞的話題。Kanakanavu 族人最常對他人這麼介紹：「我們是溪流文化的族群！」過去上山打獵，或許有傳統的性別分工，上山捕獵是男人的事情，如同祭歌〈Cina Cuma〉的傳說——主角 'Usu 想跟著部落男性去山上狩獵，但是狩獵是男性的工作，女性不能參與，於是她偷偷尾隨男人們上山，'Usu 不慎誤入了焚燒區而逃不出來被火燒死。[8]

但是，面對溪流，Kanakanavu 族人有二種不同說法，一是性別分工：族人認為，男人外出捕魚或打獵需要耗費較大的體力，而女人則是在部落守護田園，照顧家庭，等待男人帶著獵物歸來；另一種說法，則是認為「溪流不

7　原住民族電視臺，〈卡那卡那富族河祭　祈求漁獵豐收、平安〉。資料檢索日期：2018 年 8 月 21 日。網址：http://titv.ipcf.org.tw/news-35779。

8　余瑞明編，《台灣原住民曹族——卡那卡那富專輯》，頁 105-107。

只是男性，也是婦女捕獲食物的場域」。

　　首先就性別分工的說法，有關魚藤捕魚方式，涉及到河流、溪流或集體撈魚的方法，就有性別分工合作的狀態——男人下水捕魚，女人則是在岸邊撿拾漁獲。我們請教部落耆老 Samingaz（藍林鳳嬌）、Humhum（謝林春里）及 Uva（施彭梅）三位老人家，有關魚藤捕魚的傳統習俗與禁忌，老人們表示：

　　　　男人們要去溪裡捕魚，把 tuncu 捶一捶，然後整個放下去，把汁擠出來，攪一攪，放在水裡面（手做捶搗狀）。

　　　　當男人們把溪裡的魚撈起來，丟向岸邊，女人們再去撿岸上的魚，放在籃子裡。女人只能在溪旁，不能下水、不能捕魚。[9]

　　根據老人們的口述，可知族中社會對魚藤捕魚這項傳統，有男女分工的規定和禁忌——男人下水捕魚、女人在岸邊撿拾漁獲，這樣的男女性別分工，在於男女生理構造不同的因素。老人們認為，打獵或捕魚需要較大的力氣，不論是爬山涉水，或是捶打魚藤放魚溪流，乃至於追捕獵物，男性的體力大於女性。這樣的男女性別分工制度，不是性別歧視，而是讓男性以較大的力氣去追捕獵物，形成族人恪守的男女分工的社會制度。

　　再者，族人阿布嫵回憶老人家 Mu'u（翁坤）以及 Paicu（翁范秀香）所說的話語：「Kanakanavu 的女性常說，溪流也是我們婦女捕獲食物，如魚、螃蟹、蝦子、水藻的地方。其實婦女也擅長射魚啊！」阿布嫵為了確定婦女在捕魚的這種情形，特地請教耆老余瑞明，余瑞明也提到他母親以前在溪裡

9　闕妙芬，〈藍林鳳嬌、謝林春里、施彭梅訪談稿〉（2018 年 4 月 21 日，未刊稿）。

的捕魚技術，技巧可不輸給男性族人。

二者說法不同之處，在於魚藤捕魚這項傳統，是族人集體參與，因此有男人下水捕魚、女人在岸邊撿拾漁獲，這樣的男女性別分工之別。但如果是婦女自己前往溪裡捕魚，如射魚、釣魚等技術，這時候溪流就會成為婦女的獵場，到河流、溪流獵捕魚蝦，為家人添加餐桌上的佳餚——上述兩項說法集體傳達了「Kanakanavu 是河流和溪流民族」這樣的社會特性。

小結

本文對於魚藤的相關資料整理，除了引述魚藤生物學的植物特性，其中更進一步了解 Kanakanavu 的傳統漁獵文化。溪流（nungnung）、河流（cakʉran）在 Kanakanavu 的生活中都是所有族人重要的生活場域，他們在這些場域活動，長期下來發展出族人對河流的敬重和資源共享態度。團隊有次和老人 Mu'u（翁坤）對話，想看看部落老人家們是否健康安好，閒談中與老人閒聊中提起魚藤，老人家語氣堅定的告訴我們：「不要忘記魚藤捕魚的傳統，我的父親以前這樣告訴我，我也一樣告訴我的兒子。」[10]

歷經環境的變化、風災破壞家園，以及環保意識的抬頭，對於現今的 Kanakanavu 而言，魚藤不單純是捕魚的相關工具或植物，更是重要的傳統漁獵文化象徵與代表。此外，因 Kanakanavu 依存河流而生活的文化特徵，捕魚也成為婦女生存的技能，自然也發展出對於溪流的相關知識——這些都印

10　闕妙芬，〈Mu'u（翁坤）訪談稿〉（2018 年 8 月 5 日，未刊稿）。

證了 Kanakanavu 的女性常提到的：溪流是婦女捕獲食物的場域。

　　傳統漁獵文化展現出族人對於大自然的共享態度——自然的資源是大家共有的，山林大地的資源是如此，河川資源更是如此，這樣的態度更傳達了「Kanakanavu 是溪流和河流民族」這樣的社會特性。

'Uici（樹藤）、Kuicituku（山葡萄）、 'Ue（黃藤）、Ravani（山蘇）、Kunam（綠藻）

藤類：樹藤、山葡萄、黃藤

　　'Uici（樹藤）本身即為細長狀藤類，直接砍下枝條即可作為綑綁用繩索，不必再經任何處理。

　　早期醫藥不方便時，族人是如何解決醫療需求呢？對民族植物運用所具備的知識體系，自然而然也包含了藥草的運用，比如打獵難免會受傷，獵人就必須學會自行以藥草止血、消炎，最常用的就是將 'uici（樹藤）的嫩葉，嚼碎或打爛敷在傷口上以利消炎，佐山融吉也曾記錄：「割傷時，以番薯薄片，或搓揉以 'uici（蔓藤）葉塗敷傷處，再以布纏住。」[11] 在族人的記憶裡，受傷時不會用番薯，只有用 'uici 敷傷口，也許經過百年的時間，族人的傳承與記憶均出現了變化。

圖 5-2-1　Kuicituku（山葡萄）

11　佐山融吉著、中央研究院民族學研究所編譯，《蕃族調查報告書‧第三冊，鄒族　阿里山蕃　四社蕃　簡仔霧蕃》，頁 198。

'Angai ka'angaiana 還為大家示範耳朵發炎的處理方式，他以小刀截取一段具有兩個節點的山葡萄（Kuicitᵾkᵾ，圖 5-2-1）木質化藤莖，邊示範邊說保留兩個節點是要防止莖幹內的水分流出，說著說著只見他快手俐落切斷兩端的節點，再用嘴對著山葡萄樹藤大力吹氣，只見另一端流出水狀液體，'Angai

圖 5-2-2　山葡萄水狀液體可滴入耳朵治療發炎

ka'angaiana 說只要將此液體滴入耳朵，一天重複兩、三次，很快就能痊癒（圖 5-2-2）。[12]

Kanakanavu 族人很會就地取材，從可製繩索、編織的植物的運用即可看出端倪。生活中很多時候都會用到繩索，房屋的樑柱綑綁，製作揹簍、嚇鳥器、捕魚魚筍、狩獵設陷阱做捕獸籠。有多位老人家在訪談時均有提到平日使用的背籠，會以黃藤（'ue）來編製，非常堅韌耐用。[13]《染織族群與文化》有段話：

> 使用時常選擇多年生的老枝條，採取後陰乾，然後將刺削除，再將莖縱切成 4-8 等份，削取寬度 0.2-0.3mm 的藤皮做為編織或

12　邱碧華，〈翁博學訪談稿〉（2020 年 1 月 19 日，未刊稿）。
13　邱碧華，〈藍林鳳嬌、謝林春里、施彭梅訪談稿〉（2018 年 4 月 22 日，未刊稿）。

細綁的材料。臺灣原住民通常用藤皮來製成不同大小的置物籃或背
簍等器物。[14]

也就是說黃藤是臺灣原住民族常用來編製成置物籃或背簍等用品，而且
必須採用多年生的老枝條，以藤皮來編織。江秋美說因為黃藤生長的位置較
高，且有刺會勾搭其他植物，通常是男生負責採集工作。[15]

山蘇

調查團隊參與 2018 年米貢時，看到各氏族會互贈禮物，其中有一樣
外觀類似平日吃的粽子，江秋美說那是 ᵾmpᵾrᵾkᵾ（禮物包），外層是用
ravani（山蘇），裡面通常會包米飯、山肉、溪蝦等食物，是每年米貢時必
備的交換禮物。[16] 翁博學進一步說明，早期部落裡若有人生了嬰兒，第一次
要帶去外婆家時也要備 ᵾmpᵾrᵾkᵾ 送禮。[17]

以下是江秋美示範包 ᵾmpᵾrᵾkᵾ 的程序：

1. 備材料：較老的山蘇葉、已煮熟的米飯、山肉、溪蝦、山棕嫩葉（圖
   5-2-3）。山蘇嫩葉容易破損，用老葉較堅固，先將葉子洗淨晾乾備用（圖
   5-2-4），山棕嫩葉作為最後的綁繩，也可以其他藤類取代。

---

14 張至善、方鈞瑋編輯，《染織族群與文化》（臺東：國立台灣史前文化博物館，2005），頁
　47。

15 邱碧華〈江秋美訪談稿〉（2018 年 4 月 23 日，未刊稿）。

16 邱碧華，〈江秋美訪談稿〉（2018 年 10 月 12 日，未刊稿）。

17 邱碧華，〈翁博學訪談稿〉（2019 年 8 月 17 日，未刊稿）。

圖 5-2-3　米飯、山肉、溪蝦、山棕嫩葉　　圖 5-2-4　山蘇葉洗淨晾乾備用

2. 將山蘇葉前端 1/3 撕去不用（圖 5-2-5），後端 1/3 往上折出立體的三角形（圖 5-2-6）。

3. 飯、山肉、溪蝦依序放入三角形空間內（圖 5-2-7），中間 1/3 的葉子對折下來包裹住食物，再以山棕嫩葉綑綁即可（圖 5-2-8）。

圖 5-2-5　撕去山蘇葉前端 1/3　　　　圖 5-2-6　後端 1/3 折出立體三角形

圖 5-2-7　放入食材

圖 5-2-8　Ʉmpʉrʉkʉ 成品

綠藻（Kunam）

　　臺灣有在食用溪流中綠藻的原住民族群除了阿美族外，另一個族群就是 Kanakanavu。林曜同在〈建構、分類與認同──「南鄒」Kanakanavu 族群認同之研究〉內有特別提及：「Kunam，是一種水藻是 Kanakanavu 特有食材之一。」[18] 針對這點筆者特別去訪談族人，有幾位老人家都提及非常想念 kunam 的味道，據說以前去溪水不流動的河川，就可以用芒草桿撈取 kunam，每年 4 月份時產量最多。撈取綠藻時切記要選擇較嫩的才好吃，撈起來洗乾淨，煮一鍋魚蝦湯或清湯亦可，等湯滾才將 kunam 放入即可，[19] 老人家回想的表情，讓人也好想嚐一口看看。但是族人說他們已很久沒吃 kunam 了，因為溪水汙染，已經無法撈取食用，環境汙染不只是影響生態，也改變族人的飲食習慣與傳統。

18　林曜同，〈建構、分類與認同──「南鄒」Kanakanavu 族群認同之研究〉，頁 283。

19　邱碧華〈江梅惠、江秋美訪談稿〉（2018 年 4 月 21 日未刊稿）。邱碧華〈藍林鳳嬌、施彭梅、謝藍鳳嬌〉（2018 年 4 月 22 日未刊稿）。

第六章 植物、民俗與地名

　　本章承續上面幾章關於植物的討論，並以兩個重要主題：地名與超自然來進一步探討植物與 Kanakanavu 社會文化間密不可分的關係。第一節我們將討論目前那瑪夏地區族人如何利用植物來命名的例子；第二節是以阿布娪‧卡阿斐依亞那親筆撰寫的自述回憶文，以第一人稱展現 aviarungai 這種植物如何扮演她個人、族人與超自然之間的連結。

地名與植物

　　Kanakanavu 對植物的認知也會表現在對空間場域的認知上，在田野訪談的過程中，常會聽到老人家提起現在區公所周遭，以前族人都稱呼該地為 Mamiiriki。[1] 剛聽到這種說法，覺得很有趣，mamiiriki 明明就是桃子、李子的指稱，怎麼會變成是地名呢？老人家解釋說其實這是本族傳統為場域命名的方式，也就是端視當地那一種植物最多，就直接以該植物作為地方名。同為原住民族的鄒也同樣有以植物為地方命名的傳統，在《看見鄒族‧漁獵與民俗植物篇》一書中有提及：

> 鄒族民族植物扮演著指認地方、辨識場所的角色。這樣的地名
> 特性，具有鄒族語言構詞的特性，此地名還可以用來扣連植物群落
> 以及環境特性，這是民族植物深入語言、空間、植被等不同生活領

1　邱碧華，〈江秋美訪談稿〉（2019 年 5 月 26 日，未刊稿）。邱碧華，〈翁博學訪談稿〉（2019年 8 月 17 日，未刊稿）。

域與概念的具體案例……。Cocohu（姑婆芋多的地方），在特富野
部落東方山區。[2]

換言之，鄒族以民族植物命名的場域，不僅展現出該族語構詞的特性，
也可讓當地人知道當地是何種植物居多，讓族人更了解當地環境的特色。

Kanakanavu 以植物命名的地方相當多，例如民權國小附近，族人稱為
Racurucurupu，照原住民族群委員會網站對 Kanakanavu 族語用字的解說，[3]
以及報導人的說法，表示語詞中 ra 是指位置，curupu 是單數，curucurupu
是複數，也就是說這附近以前有很多的蘆葦，族人要去溪流抓魚之前，
可先來此處摘取適量蘆葦製做陷阱。江秋美也明確的表示 Kanakanavu 傳
統為地名命名的方式，就是看那塊土地上好發何種植物，就以此為名。[4]
Raatʉvʉtʉvʉsʉ 位在瑪雅工坊對面，表示此地是生長很多甘蔗（tʉvʉsʉ）的
地方，但現今還記得這個傳統地名的人已經很少了。[5] 那早期本地有生長很
多姑婆芋（conu）的地方嗎？江秋美和翁博學都表示早期 Namasia 有很多地
方都有 conu，所以叫做 Racocona 這個地名的地方就有好幾處，且大多位於
達卡努瓦，[6] 果真如此的話，族人要如何分辨究竟所指為何處呢？翁博學說有
一個簡明的區辨方法，舉個例來說，香菇寮這兒若有很多 conu，就直接以

2　浦忠勇，《看見鄒族 漁獵與民俗植物篇》（嘉義：嘉義原住民部落大學，2019），頁 124。

3　原住民族委員會：Kanavu 是單數表述，Kanakanau 是重疊詞，也是複數表述。檢索日期：2020
年 2 月 23 日。網址：https://www.apc.gov.tw/portal/docList.html?CID=E3439993A7481ADD&
type=D0BD0AE75F4158D0D0636733C6861689 。

4　邱碧華，〈江秋美訪談稿〉（2019 年 5 月 26 日，未刊稿）。

5　邱碧華，〈翁博學訪談稿〉（2019 年 8 月 17 日，未刊稿）。

6　邱碧華，〈江秋美訪談稿〉（2019 年 5 月 26 日，未刊稿）。邱碧華，〈翁博學訪談稿〉（2019
年 8 月 17 日，未刊稿）。

「Rcocona 香菇寮」來講此地的特色，當然也就成為該地的地名，但現在幾乎沒有族人用傳統族語來命名，也找不到整片長滿 conu 的地方了。三溪那兒有一處地名叫做 Caruru tɯrɯvɯsɯ，就是因為早期有好多的櫸木（cakɯsɯkunuru karu）才會如此命名，族人有需要製做桌子、家具，自然會到此地砍伐合適的櫸木。在 Namasia 河表湖有一處地名為 Ranucunacuranga，是因為這兒有許多的山羊麻（nucurung）族人要蓋工寮時，就會來此地砍伐山羊麻。傳說遠古時期族人在藤包山（Ra'uuarau）躲避洪水，之所以會取 Ra'uuarau 當地名，就是因為山上有非常多的黃藤（'ue）。[7] 五溪附近有一處長有許多愛玉樹（tinpau），地名就叫做 Ratinpau，族人想吃愛玉時，就會到此處摘採愛玉果；現代有一間店名叫做「青春園」這附近，早期叫做 Rapinpinnia，族人來到這兒就知道要小心一點，因為四處都有咬人貓這種易使人過敏的植物，不小心碰觸到就會讓人過敏不舒服。由以上這些例子可發現 Kanakanavu 地名，以當地植物來命名的傳統習慣，不只能從地名得知當地最多的植物是那一種，每當族人有需要採集利用時，立刻從地名判斷要去何處摘採，不必東奔西跑四處尋覓，如此一來不但可提升生活便利性；也知道某些地方會有致人過敏的植物，去到該地要小心，避免接觸就不會有事。因為以植物為地方命名，可讓族人快速連結到腦中所建立的植物知識體系，更可以藉此形成生活資源圈。

　　另外一種場域的命名方式也和植物有關，報導人翁博學特別講起 Namasia 有一個名為「曲積山」的地方，族語名稱為 Tarucugna 原意為山棕

7　邱碧華，〈翁博學訪談稿〉（2019 年 8 月 17 日，未刊稿）。

雨衣，因為此處是三、四百年前族人首次製作山棕雨衣的地方。[8] 顯示族人會以地名來紀念過去的生活方式，一件山棕雨衣可使用一年，當葉片枯萎時即化做土地的養分，此一地名不只能隨時提醒 Kanakanavu 族人和土地的連結，也展現出族人與自然環境的和平共存。像這樣族人只要聽到地名就知道命名的緣由、該處環境的特色，這是認識在地最好的方法，可惜現代這些地名幾已消失殆盡，取而代之的是看不出端倪的新地名。

表 6-1　和植物相關的地名

地名	所在地	意思
Caruru tɨrɨvɨsɨ	三溪附近	長很多櫸木（cakɨsɨkunuru karu）的地方
Racurucurupu	民權國小附近	長很多蘆葦（curupu）的地方
Ravɨngvɨngrai	許勇坪附近	長很多楓樹（vungre）的地方
Racakɨcakɨsɨ	孫家開墾地附近	長很多樟樹（cakɨsɨ）的地方
Ranucunacuranga	表湖	長很多山羊麻（nucurung）的地方
Racocona	以前很多地方都叫這個地名	長很多姑婆芋（conu）的地方
Ra'uuarau	藤包山	長很多黃藤（'ue）的地方，Ra'uuarau 藤包山原本很多很多 'ue 地名叫做 Natɨrɨca，日本人來看到很多 'ue 才改叫 Ra'uuarau

---

8　邱碧華，〈翁博學訪談稿〉（2019 年 8 月 18 日，未刊稿）。

地名	所在地	意思
Raatuvutuvusu	瑪雅工坊對面	長很多甘蔗（tuvusu）的地方
Ratinpau	五溪附近	長很多愛玉（tinpau）的地方
Ravuruvuvna	表湖後山	長很多箭竹（vu'uru）的地方
Rapinpinnia	達卡努瓦二村斜對岸，有一間店叫做青春園	長很多咬人貓（pini）的地方
Tarucugna	曲躓山	是三、四百年前第一次做山棕雨衣（tarucung）的地方
Tinavari	鞍輪名山下跤	很多魚蝦、綠藻（kunam）的地方
Taru'an tavununga	翁博學家附近	種香菇（tavununga）三十幾年前才出現的地名
Unu'ana	大峽谷上方	長很多 vungavung masinang（紅花仔就是聖誕紅）的地方
Mamiiriki	區公所周圍	長很多桃、李（mamiiriki）的地方

資料來源：余瑞明編，《臺灣原住民曹族──卡那卡那富專輯》（高雄縣：三民鄉公所，1997），頁 126-130。翁博學口述、邱碧華整理。

備註：1. ra 是位置的意思，以前取地名的方式是這塊地有甚麼就取那個地名（江秋美、翁博學提供）；2. na 指示方向；地點；時間；對象；人物的格位詞（原住民族語言線上詞典）。

作為與靈界溝通媒介的植物 Aviarungai

　　Aviarungai 是常見的植物，中文稱為小舌菊，Kanakanavu 傳統巫師（稱為 'ʉrʉvʉ）會運用在問事、占卜、去病、去惡等用途。這種植物出現在道路或溪流等處，生命力極強，綠色的葉片只要有陽光和水分，就會不斷地抽出嫩綠的葉片。然而，這種看似不起眼的植物，早期在 Kanakanavu 族人生活中，卻扮演重要的角色。以下這段由阿布娪・卡阿斐依亞那親自執筆書寫的回憶，具體點出 aviarungai、巫師與她個人生命之間的連結。阿布娪提到當她看到巫師拿著 aviarungai，先點在事先準備好的白米和水，之後巫師會一邊吟唱與靈界溝通的話語，這時阿布娪「則安靜挨在外公身旁，隨葉子移動及吟唱聲進入另一個安心、被守護的空間安放自己。」

　　阿布娪・卡阿斐依亞那將這段文字訂了這個標題作為註腳：「來自土地的守護者：Aviarungai 的祝福！」阿布娪賦予這種植物兩個重要文化意義：其一是和靈界夥伴合作的路徑；其二，對她而言，aviarungai 是個人歷經重大災難後，得以讓身心靈療癒的象徵之物，因為童年和外婆摘取 aviarungai 去消災療癒的記憶會藉此物重現，同時也支是撐她之後從事 Kanakanavu 文化復振的重要來源，全文如下：

來自土地的守護者：Aviarungai 的祝福！

撰文者：阿布娪・卡阿斐依亞那

'ᴜrᴜvᴜ 的植物

　　記得小時候，如果家裡有事或家中有人生病，大人們就會找部落的 'ᴜrᴜvᴜ 問事。[9] 我因母親早逝，年幼就跟著外公婆生活，印象中的童年生活，平日如果發生事情如家裡的牛或羊、生活用品遺失、或外公婆作夢，那夢境讓外公婆不安，或家裡有人生病，或生活、工作上有異常時，外公外婆就會找當時部落的 'ᴜrᴜvᴜ 問事。

　　通常問事的時間會在晚上，要去 'ᴜrᴜvᴜ 家以前外婆一定先帶我到村里某處摘取 aviarungai，[10] 外婆教我說：「要給 'ᴜrᴜvᴜ cumacu'ura [11] 一定要看葉子朝向上且有三片以上，妳要記得……。」當時小小的我，認真地看葉子生長的方向，小心翼翼地數著葉片數，自己會認真地謝謝它讓我順利找到外婆要的樣子，從小也喜歡 aviarungai 給我那份定靜的感覺。

'ᴜrᴜvᴜ 和靈界夥伴合作的路徑

　　採完 aviarungai 外婆就帶著已準備好的白米，和外公帶著我前往 'ᴜrᴜvᴜ 家，路上外婆跟我說：「如果沒有 aviarungai 'ᴜrᴜvᴜ 就不

9　即 Kanakanavu 所稱巫師之意。
10　植物的一種，Kanakanavu 會運用在巫師問事、占卜、去病、去惡用途。
11　族語「看」的意思。

圖 6-2-1　ˈƗrƗvƗ Cumacuʼura 的 aviarungai

能看⋯⋯。」小小的我記住了外婆的話，外婆帶我摘的 aviarungai
是 ˈƗrƗvƗ 和靈界夥伴合作的路徑，並認真記住摘取的原則。

　　到了目的地 ˈƗrƗvƗ 家外公會先聊日常，好讓 ˈƗrƗvƗ 把外婆準
備的白米、aviarungai、水備好就緒，接著問事的人會圍圈坐好並述
說自己的事情，ˈƗrƗvƗ 就拿著 aviarungai 點水、和米後就開始吟唱，

'ᴜɾᴜᴠᴜ 眼睛邊吟唱邊看著 aviarungai 彷彿在看著另一個世界；我則安靜挨在外公身旁，隨葉子移動及吟唱聲進入另一個安心、被守護的空間安放自己。

圖 6-2-2　Aviarungai、水、米是巫師呼請靈界夥伴並一起合作的基本法器

不知過了多少的時間，見 'ᴜɾᴜᴠᴜ 手上的葉子滴下晶瑩的水滴，我知道即將結束，'ᴜɾᴜᴠᴜ 最後會拿這 aviarungai 在浸水一次後點在圈坐每一位的頭上後，發出一種聲音後結束，結束後會留一些時間和大家在解說及叮嚀或在提醒等工作，對當時的我而言，覺得這植物很神祕、更覺得這植物和其他植物比起來相對比較安靜，靜靜地在那裡看著部落……。

災難的療癒者

2009 年臺灣遇見重大災難「八八水災莫拉克颱風災害」也重創了我的部落，當時部落的族人被「安置、收容」在山下各大營區，我們除了天然的災害，我們也面臨可能被遷村的命運，我在和大家一起進行自救、搶救工作時，最難過的是長輩們哀傷地問：「我們什麼時候回家？我們不要變成像山下的猴子，只會在別人丟食物時互搶……。」

長者總失神的坐在營內，讓人難安。有天有位長者很小聲問我：「可以幫忙找 'ɨrɨvɨ 嗎？我覺得我需要 cumacu'ɨra……。」要找是因為部落裡已經失傳了，我們 Kanakanavu 已經沒有 'ɨrɨvɨ 了；跟夥伴討論後決定前往鄒族部落拜訪邀請老 'ɨrɨvɨ 到營區協助，我們得到應允，確認移動交通及時間後，鄒族老 'ɨrɨvɨ 問我營區內可以找到……。透過翻譯才知道要用 aviarungai，我告訴長輩營區內沒有，而且我的部落好像也很少見了，鄒族老 'ɨrɨvɨ 很溫暖地跟我說：「孩子，沒有關係，妳先回山下營區工作，到時候我會自己帶去……。」剎時，童年和外婆摘取 aviarungai 的記憶再現，雖短暫卻永恆地被帶進入一個安心、被守護的空間！

在那空間被支撐了，有能量面對、看見自己族群正在經歷消逝的命運，有能量陪伴自己蹲點，而內在承擔的意志引領著我日後在

複雜沉重的部落重建工作，「to'ona tamu」[12] 的營造、「us'uuru」[13]
復育回來、「vina'ɬ 'ooma」[14] 謝謝文化部支持青銀合創計畫，及國
立高雄師範大學臺灣歷史文化及語言研究所劉正元教授協力搶救記
錄 Kanakanavu 民族植物，讓我們的植物世界可以被認識及流傳！

12　耆老智慧屋亦稱有老人在的地方，重建所營造部落共同照顧之處。
13　中文譯為女人的田地。
14　中文意思為小米田。

第七章 結論

　　本書主要在探討卡那卡那富族植物與社會文化之間的關係。撰者群從
2018 年起，就搭配劉正元教授研究所田野調查課程，後來並在文化部支持
青銀合創計畫等支持下，陸續進行卡那卡那富族植物的調查及出版。除了蒐
集卡那卡那富族相關研究文獻外，撰者群們更是中長期蹲點那瑪夏，與多位
族人耆老進行深度訪談，成果豐碩，撰者之一的邱碧華更以此為主題取得碩
士學位。

　　本書在撰寫上試圖兼顧學術及通俗科普方式並存，為了考慮讀者閱讀的
流暢度，不少繁瑣的文獻資料及訪談內容交叉在本文中以方框註解方式陸續
出現。本書一開始以民族植物學的定義出發，說明民族植物學的定義及概述
相關日治後對於民族植物的研究成果。就學術定義而言，民族植物學不僅是
著眼於原住民如何利用植物，還包含人類如何適應於周遭的環境，以及人類
的經濟活動、思想行為等是如何受到植物影響。換言之，研究植物的過程也
是對特定社會文化的理解過程。

　　其次，撰者先概述卡那卡那富族的地理位置、人口社會現狀及文化特質，
具體說明卡那卡那富族傳統領域、人口地理、位置分布等資料。主文則以小
米、芒草、竹子、甘蔗、紅藜、香蕉、山棕、芋頭、姑婆芋、月桃、金線蓮、
茄苳樹、魚藤等二十多種卡那卡那富族代表性植物為例，撰者依其植物學分
別分類後，試圖以淺顯易懂的寫法描述這些植物與卡那卡那富族祭儀、歌
謠、神話傳說、建物、醫療、食物、禁忌、超自然、人群往來、族群認同及
地名等面向之間的深厚關係，細節分別陳述於本文的第二至五章，撰者依照
植物學分類，將想要探討的植物分類詳述，細節等讀者參閱。限於篇幅，下
面我們僅以小米（vinaʉ）和芒草（capuku）這兩項植物為例，說明植物與
Kanakanavu 的族人間的文化臍帶關係。

　　首先，「vina'ʉ」是 Kanakanavu 的主食之一，更是代表 Kanakanavu 文化最重要的作物，小米可以成為主食，可以釀酒，在惡劣環境下亦可生長，儲存期長，在族人們的心中是為最神聖的作物，也因此衍生出豐富的傳說、儀式等文化。這幾年部落舉行小米播種祭等相關的文化復振，即在揭示小米有背後隱藏的社會文化意涵，例如：開墾祭、播種祭、以及慶祝豐收的米貢祭等，這些祭儀不是只有儀式，透過這些祭儀，讓部落的孩子跟著老人家一起學習，讓老人們的傳統智慧得以代代相傳，更透過祭典，讓傳統的母語、歌謠得以延續，也藉由這樣的凝聚力團結族人，延續全族的傳統文化。

　　另外，在 Kanakanavu 重要祭典，「capuku」也是不可缺少的避邪植物，在河祭中也可以用來施行巫術，以便召喚魚群並同時標示各家族的漁區。當部落裡舉行 mikong 祭儀時，族人會在社口綁上新鮮 capuku，通知眾靈此處要舉行祭典，請他們不要進來打擾；舉行喪禮時必須將新鮮的 capuku 打結放在門口避邪。如上所述，capuku 和部落的生活幾乎是密不可分，如同小米一樣，capuku 也是 Kanakanavu 重要的民族植物。

　　第六章闡明植物與地名及宗教民俗間的深厚關係。現在在那瑪夏大峽谷上方有一處族人生活遺址被命名為 Unu'ana，是很多聖誕紅的地方；達卡努瓦札戈勒（Cakʉrʉ）附近有一處被命名為 Taru'an tavununga，就是種香菇（tavununga）的地方。其他諸如咬人貓（pini）、甘蔗（tʉvʉsʉ）、姑婆芋（conu）、山棕（taruvuku）、綠藻（kunam）、桃子、李子（mamiiriki）等植物都會列入地名命名。第二節由長期浸潤族群文化及社會復振的阿布娪‧卡阿斐依亞那親自執筆，她在感性書寫的回憶中具體點出 aviarungai、巫師與她個人生命之間的連結。Aviarungai 中文稱為小舌菊，它常出現在道路或溪流旁，生命力極強，只要有陽光和水分，綠色的葉片就會不斷地抽出嫩綠

的葉片。文中阿布娪以第一人稱的自述，說明 aviarungai 如何被 Kanakanavu 傳統巫師（稱為 'ʉrʉvʉ）運用在問事、占卜、去病、去惡等用途上。阿布娪歸結：這種看似不起眼的植物，早期在 Kanakanavu 族人生活中，卻是串連起傳統巫師與超自然溝通的重要角色。

最後引述一段書中也曾提到的祭歌作結尾，總結說明本書所要探討的意旨：米貢祭時眾人會吟唱一首〈Cina Cuma〉的祭歌，內容描述一位名叫 'Usu 的少女跟隨男性族人到山上狩獵，卻不幸被大火燒死（詳見第二章「竹子」一節）。後來族人在少女家中插了一支箭，最後這支箭卻變成竹竿，一直長到天邊再折彎垂到地上。'Usu 的靈魂化成雲煙，順隨竹子的指引飄到天上，當她想念族人時再順隨竹竿來到人間看望族人。在此，竹子這種植物與雲煙都成了一種文化象徵，串連起族人、自然（植物）與超自然之間的臍帶連結，深具文學與文化的美感。

全書書寫依照適宜一般讀者閱讀方式編排，每一種植物一開始都有前言，說明特定植物的重要性，註解部分另外匡列，將較為複雜繁瑣的文獻或口述資料整理，提供讀者了解社會文化脈絡背景，增加全書的文化深度。建議讀者閱讀全書後，日後可以進一步與臺灣其他原住民族民族植物做跨文化比較，以增加思考深度。參考書目內除引述專書及論文外，也提供相關網站供日後延伸閱讀參考。

整體而言，臺灣南島民族的文化有其差異性及相似性，人類學家重要的任務是在比較這些文化的異同。本書以卡那卡那富族的植物為例，不只介紹植物與當地社會生活的關係，同時也勾勒重要臺灣原住民的重要知識價值體系，這些無形文化資產將擴大臺灣文化的廣度與深度，同時也藉此將臺灣原住民族的豐富文化底蘊介紹給全世界。

附錄

附錄一　卡那卡那富族植物族語名稱書寫對照表

編號	中文名稱	報導人發音	原住民族語言線上詞典	原住民族千詞表
1	香蕉	nivanga	nivanga	nivanga
2	青香蕉	tavunʉvʉnʉ	tavunʉvʉnʉ	tavunvunʉ
3	稻穀	pusiam	pusiam	pusiam
4	芋頭	tanʉkʉ	tanʉkʉ	tanʉkʉ
5	黃芋頭	katavang	未列	未列
6	甘蔗	tʉvʉsʉ	tʉvʉsʉ	tʉvʉsʉ
7	甘藷	tammi	tammi	tammi
8	南瓜	tangtang	tangtang	tangtang
9	玉米	viaru	viaru	viaru
10	山棕	taruvuku	taruvuku	未列
11	竹子	to'omaang	to'omaang	to'omaang
12	竹筍	civu'u	civu'u	civu'u
13	李子	mamiiriki	未列	mamiiriki
14	桃子	mamiiriki kuncu	mamiiriki	mamiiriki
15	茄苳樹	sʉrʉ karu	未列	未列
16	姑婆芋	conu	conu	conu

編號	中文名稱	報導人發音	原住民族語言線上詞典	原住民族千詞表
17	苧麻	raʼu	未列	raʼu
18	小米	vinaʼʉ	vinaʼʉ	vinaʼʉ
19	毒魚藤	tuncu	tuncu	未列
20	芒草	capuku	capuku	未列
21	茅草	rʉʼʉ	rʉʼʉ	未列
22	紅藜	kuarʉ	未列	未列
23	小舌菊	ʼavirungai	未列	未列
24	黃藤	ʼue	ʼuai	未列
25	綠藻	kunam	未列	未列
26	檜木	arʉngʉ karu	未列	cakʉsʉ
27	羅氏鹽膚木	ravau karu	未列	未列
28	桂竹	kapani	kapani	未列
29	蘆葦	curupu	未列	未列
30	山蘇	ravani	ravani	ravani
31	血桐	coru karu	未列	未列
32	假酸漿	nasovun	未列	未列
33	月桃	tapa	tapa	未列
34	木賊	savʉrʉ	未列	未列

編號	中文名稱	報導人發音	原住民族語言線上詞典	原住民族千詞表
35	龍眼	ringking	ringking	未列
36	樹藤	'uici	未列	未列
37	構樹	nanʉncunai karu	未列	未列
38	麻竹	kanavunavu	kanavunavu	未列
39	櫸木	cakʉsʉkunuru karu	未列	未列
40	瓠瓜	koia	未列	未列
41	木薯	tammi karu	tammi karu	未列
42	葛鬱金	tamitapa	未列	未列
43	山藥	vakure	vakure	vakure
44	樹豆	'aricang	'aricang	'aricang
45	芥菜	natʉngʉ naru'ua	未列	未列
46	蕨貓	tariri	tariri	tariri
47	山芹菜	micuva	未列	未列
48	四季豆	長豆 nʉpʉʉnʉpʉ	nʉpʉʉnʉpʉ	未列
49	蔥	cangaa	cangaa	cangaa
50	刺蔥	tanna'u	tana'ʉ	未列
51	辣椒	manman	manman	maanman
52	橘子	vu'u ma'ura	vu'u	vʉ'ʉ ma'ura
53	柚子	vu'u taatia	vu'u	vʉ'ʉ

編號	中文名稱	報導人發音	原住民族語言線上詞典	原住民族千詞表
54	芒果	maangasʉ	maangasʉ	未列
55	石榴	navatʉ katapang	未列	未列
56	桑葚	'ʉsʉʉm	'ʉsʉʉm	未列
57	芭樂	navatʉ	navatʉ	navatʉ
58	鳳梨	pangtan	pangtan	pangtan
59	野草莓	'annam	未列	ʉngnam
60	山芙蓉	vinʉn karu	未列	未列
61	薯榔	siking	未列	未列
62	山羊麻	nucurung karu	未列	未列
63	金線蓮	tapari	未列	未列
64	百合	capaangana	capaangana	capaangana
65	冇骨消	nangpun karu	未列	未列
66	山葡萄	kuicitʉkʉ	未列	未列
67	龍鬚菜	tʉnʉkai koia	tʉnʉkai koia	未列
68	梅子	mamiiriki mapaici	未列	'ume
69	薑	namnam	namnam	未列
70	薑黃	namnameanaviarʉ	未列	未列
71	愛玉	tinpau	tinpau	未列
72	香菇	tavununga	tavununga	tavununga

編號	中文名稱	報導人發音	原住民族語言 線上詞典	原住民族 千詞表
73	檳榔	'aviki	'aviki	'aviki
74	樟樹	cakusu karu	cakusu	未列
75	九芎	nucuru karu	nucuru	未列
76	聖誕紅	vungavung masinang	未列	未列

製表人：邱碧華，2020 年 3 月 14 日

說明：文中族語書寫以田調報導人發音為主，該項目未列則以原住民族委員會原住
　　　民族語言線上詞典為依規。

附錄二　回返 Kanakanavu

撰文者：鍾智鈞

　　我是在都市長大的原住民青年，國小的歷史課本把我（們）稱作為「曹族」。到了高中，歷史老師在介紹原住民族群時，從阿美族、泰雅族到排灣族⋯⋯等介紹，直到要介紹我的族群，老師說：「鄒族，亦稱『曹族』，然後我們看下一族布農族⋯⋯。」語畢，同學們哄堂大笑。全班其實也都等著看老師會分享什麼事情，只是沒想到居然六個字就把我（們）的族群帶過；高中的這件事情，我開始認真地想去認識我（們）的族群。

　　2017 年我回到母親的部落、族群，執行「文化部社區營造青銀合創實驗方案」，起源是母親一直希望部落年輕人可以回部落，進入「to'ona tamu（譯耆老智慧屋）」跟著老學習、記錄、整理在地知識。對一個都市長大的我，其實有些害怕。之前回部落都是因放假、節日或逢年過節，我只要在舅舅、阿姨家晃過來晃過去，覺得輕鬆自在；但這次回來是要工作，並且要和長輩們一起工作，有些猶豫也不知如何開始，光是族語我就卡住了，更何況是要進行我沒有接觸過的文化復育及記錄的工作，但是已經答應試試看只好硬著頭皮，跟著協會的前輩們進入部落執行方案。

　　2017 年計畫主要的工作是：從願景窯起步，希望可以一起建立Kanakanavu 女性知識系統。這一年我像幼稚園的小朋友跟著幾位 Tamu 特別是江秀菊、翁范秀香、翁坤、江朱樹蘭、孔金治 Tamu tamna（長輩們）進入傳說中的「Usu'uru（譯女人的田地）」，長輩們帶著我在進行農事體驗時的

儀式和禁忌，真是讓我驚奇！沒有想到小小的一塊田地，竟然可以在那裡不斷的採集，長輩們講不完的故事和趣事。想起一開始真是辛苦的學習經驗，長輩們對我這個年輕人很有期待，但是平常我聽不懂族語，也不熟悉田地，有一度真的是沮喪到想回都市，還好團隊們很有耐心的帶著我。我們一起完成了《Usu'uru：譯女人的田地》專書的出刊，看到長輩們開心的看著專書我有被鼓勵到。但記得在文化部進行成果報告時，我緊張到不知怎麼完成簡報，只記得文化部的長官說：「年輕人加油！！繼續努力！」

2018 年阿布婞說：「和 tamu 們討論後，今年二個主要工作項目一、找尋失落的傳統作物的紀錄與共同發展具融合性的文化教材；二、以傳統作物為起點，推展小農餐桌、地景空間與輕旅行的結合。」特以 usu'uru 所延伸的生活故事記錄，和長輩們一起運用在地知識的合創現代教學與體驗。經過團隊的討論，工作項目一由阿布婞主責帶我規劃推展，項目二由 Cina savo、怡玲帶我進行實作。團隊邀請到「國立高雄師範大學臺灣歷史文化及語言研究所」劉正元所長，以課程培訓的方式進場協力，進行找尋失落的傳統作物的紀錄與共同發展具融合性的文化教材等編撰。我開始負責耆老訪談的前置作業如邀約、時間、地點、翻譯者邀請等工作進入社區與家戶工作。原本以為應該是很容易，沒有想到光是安排訪談的前置作業就常遇到困難：像訪談的時間（特別是族語的翻譯），如果沒有用族語溝通及確認訪談所表達的內容，好像就會有落差。有時候會聽到長輩們說：「常常被訪談，有時候也不知道他們是誰。一直問一直問，也不知道問到哪裡……。」我才知道原來部落的長輩們一直被不同的人訪談、有那麼多的疑惑。因為有資深部落工作者 Cina savo、怡玲、阿布・伊斯坦大、Cina nau、阿布婞等長輩們帶著我們和

耆老的訪談，才順利進行訪談的工作，這一年看到了部落耆老的不同經驗。

2019 年我和長輩、耆老持續合創推動小農餐桌、輕旅行及博物館找衣服的工作。搭著部落年度賞螢期、水蜜桃活動、及部落歲時祭儀的活動：小米播種、Toʼona tamu、女人田地等深度體驗之旅，參加過的遊客總說很感動；耆老們真誠的分享著傳統生活知識、「tamu 的餐」深受遊客喜愛──我們一致認為是友善土地的那份質樸──我慢慢體驗耆老在地生活知識，其實是現代很多人想要認識及體驗的生活方式，我們也醞釀著常態性小農餐桌、輕旅行的推展。

這一年的工作增加了震撼的過程，因為執行傳統服飾的重製遇到國寶尤瑪・達陸老師和影像教學弗耐・瓦旦老師，還有我竟然有機會在國立臺灣博物館近看到傳統服飾的真實物件，一件件包得好好的存放在類似抽屜的櫃子，每一件物件都很珍貴！我們帶著手套小心翼翼地隨者尤瑪・達陸老師的帶領進行服飾調研工作。二位老師的專業及研究敬業的工作態度，加上珍貴的物件，跟弗耐・瓦旦老師跟拍學影像紀錄的我，緊張到連呼吸都要調整，很怕跟不上、也怕弄到傳統物件，阿姨們跟我說：「年輕人這是難得學習機會，要好好呼吸，好好跟上。」

今年《Cumacuʼura Kanakanavu Karukarua》終於要定稿了，很感謝國立高雄師範大學臺灣歷史文化及語言研究所劉正元所長的團隊幫忙完成，如果沒有劉正元老師的團隊幫忙，這本書可能會出不來，當我帶著修訂版給長輩們校稿的時候，長輩們說：「要謝謝老師的幫忙我們 Kanakanavu 做的紀錄，啊你要很認真的幫 tamu 再確認內容，再過幾年就問不到我們了……。」又說：

「記得給 tamu 一本放在家裡，我要留給子孫看。」我說當然會送到 tamu 家，那是 tamu 的知識啊！

謝謝文化部「社區營造青銀合創實驗方案計畫」的支持，可以讓我回到部落和長輩們學習一起工作；謝謝文化部承辦人玉霜、玉萱不厭其煩的協助並指教公部門行政事務及計畫的執行；感謝計畫業師王貞儒、弗耐・瓦旦老師不斷提醒在地知識、在地主體性的重要；謝謝女窩團隊 Cina savo、怡玲、阿布・伊斯坦大、Cina nau、季珊的協助；謝謝我的母親阿布姆・卡阿斐依亞那帶我進到「Usu'uru（譯女人的田地）」、「To'ona tamu（譯耆老智慧屋）」的世界！

特別感謝翁坤、藍林鳳嬌、江秀菊、謝林春里、施彭梅、翁博學、翁范秀香、江朱樹蘭、鍾梅芳、挈鄔・昂芳・卡阿妃雅說等耆老願意分享您們的生活知識，《Cumacʉ'ʉra Kanakanavu Karukarua》的這本書，為正名後 Kanakanavu 族的實踐，記錄並保留植物的傳統知識。

Sosomanpe！！

參考書目

中文

（一） 專書

- 巴蘇亞・博伊哲努（浦忠成）（1999），《台灣鄒族的風土神話》。臺北：臺原。

- 王嵩山、汪明輝、浦忠成（2001），《臺灣原住民史・鄒族史篇》。南投：臺灣省文獻會。

- 佐山融吉著、中央研究院民族學研究所編譯（2015），《蕃族調查報告書・第三冊，鄒族 阿里山蕃 四社蕃 簡仔霧蕃》。臺北：中央研究院民族學研究所。

- 伊能嘉矩、粟野傳之丞著，傅琪貽（藤井志津枝）譯註（2017），《臺灣蕃人事情》。新北：原住民族委員會。

- 余瑞明編（1997），《台灣原住民曹族—卡那卡那富專輯》。高雄縣：三民鄉公所。

- 徐銘駿編（2018），《種回小林村的記憶》。高雄市：日光小林社區發展協會。

- 浦忠勇（2019），《看見鄒族 漁獵與民俗植物篇》。嘉義：嘉義原住民部落大學。

- 陳英杰、周如萍（2016），《卡那卡那富部落史》。臺北：原住民委員會、國史館、國史館台灣文獻館。

- 鳥居龍藏原著，楊南郡譯註（2012），《探險台灣：鳥居龍藏的台灣人類學之旅》。臺北：遠流。

- 連橫（1992），《臺灣通史（下冊）》。南投：臺灣省文獻委員會。

- 森丑之助原著，楊南郡譯註（2012），《生蕃行腳：森丑之助的台灣探險》。臺北：遠流。

- 張至善、方鈞瑋編輯（2005），《染織族群與文化》。臺東市：國立台灣史前文化博物館。

- 蔡恪恕（2001），〈原住民族語料與詞彙彙編　南鄒卡那卡那富語期末報告〉。臺北：行政院原住民委員會委託。

- 鍾明哲、楊凱智（2012），《台灣民族植物圖鑑》。臺中：晨星。

- 鄭漢文、呂勝由（2000），《蘭嶼島雅美民族植物》。臺北：地景。

- 鄭漢文、王相華、鄭惠芬、賴紅炎（2004），《排灣族民族植物》。臺北：農委會林試所。

- Julian H. Steward 原著，張恭啟譯（1993），《文化變遷的理論》。臺北：允晨。

（二）　學位論文

- 林冠岳（2009），〈臺灣原住民的民族植物知識傳承與流失：以魯凱族西魯凱群為例〉。高雄：國立高雄師範大學環境教育研究所碩士論文。

- 林曜同（2007），〈建構、分類與認同—「南鄒」Kanakanavu 族群認同之研究〉。臺北：國立臺灣大學人類學研究所博士論文。

- 邱碧華（2020），〈Kanakanavu 民族植物研究〉。高雄：國立高雄師範大學臺灣歷史文化及語言研究所碩士論文。

- 陳幸雄（2013），〈卡那卡那富族群文化認同發展歷程—從「other」到「we」〉。臺南：國立臺南大學臺灣文化研究所碩士論文。

（三） 期刊

- Apu'u（江梅惠）（2018），〈「Usu'uru：女人的田地」的復育〉，《原教界：原住民族教育情報誌》，81，頁 18-21。
- 林曜同（2016），〈卡那卡那富祭儀與族群共同體之重構〉，《民俗曲藝》，193，頁 63-128。
- 陳合進、陳柏霖（2013），〈天然纖維材質布農族文化背包之設計〉，《林產工業》，34（2），頁 227-236。
- 鹿野忠雄（1946），〈台灣原住民族於數種栽培植物與台灣島民族史的關聯〉，《人類學雜誌》，56（10），頁 552-528。

（四） CD 出版品

- 吳榮順製作、李王癸譯註（2001），《南部鄒族民歌》台灣原住民音樂紀實 9。臺北縣：風潮音樂。

（五） 網路資料

- 生物科共同備課網，〈睡眠運動與向光運動〉。檢索日期：2018 年 11 月 21 日。網址：https://bioshchen.weebly.com/30561304963693921205332872152120809369392120509.html 。
- 原住民族文化事業基金會網站。網址：http://hippo.bse.ntu.edu.tw/~wenlian/plant/plantp/plantp-13.htm 。
- 原住民族委員會網站。網址：https://www.apc.gov.tw/portal/docList.html?CID=E3439993A7481ADD) 。
- 原住民族語言線上詞典網站。網址：https://m-dictionary.apc.gov.tw/ 。
- 原住民族語言研究發展中心千詞表網站。網址：http://ilrdc.tw/research/athousand/area16.php 。

- 原住民族電視臺。網址：https://www.newsmarket.com.tw/titv/cajan/ 。

- 原住民族電視臺，〈發祥地 Nacʉnga 為卡那卡那富起源傳說之一〉。檢索日期：2018 年 8 月 14 日。網址：http://titv.ipcf.org.tw/news-37718 。

- 原住民族電視臺，〈卡那卡那富名稱來源〉。資料檢索日期：2018 年 10 月 1 日。網址：http://titv.ipcf.org.tw/news-37893 。

- 原住民族電視臺，〈新生嬰兒祝福儀式　祈祖先護祐長大〉。檢索日期：2018 年 9 月 6 日。網址：http://titv.ipcf.org.tw/news-38810 。

- 原住民族電視臺，族語新聞。檢索日期 2018 年 9 月 26 日。網址：https://www.youtube.com/watch?v=PBeG_3qr4Qw&t=93s 。

- 原住民族電視臺，〈卡那卡那富族河祭　祈求漁獵豐收、平安〉。資料檢索日期：2018 年 8 月 21 日。網址：http://titv.ipcf.org.tw/news-35779 。

- 高雄市民政局原住民族人口統計。網址：https://cabu.kcg.gov.tw/Stat/StatRpts/StatRptC.aspx 。

- 高雄市那瑪夏區戶政事務所網站。網址：https://namasia-house.kcg.gov.tw/Default.aspx 。

- 高雄市那瑪夏區公所網站。網址：https://namasia.kcg.gov.tw/cp.aspx?n=4EB440357F53E6F1 。

- 國立自然科學博物館，檢索日期：2018/6/11。網址：http://www.nmns.edu.tw/public/BotanicalGarden/flowers/2011/autumn/1000823.htm 。

- 認識植物，〈冇骨消〉，檢索日期：2020 年 2 月 6 日。網址：查詢網頁：http://kplant.biodiv.tw/%E5%86%87%E9%AA%A8%E6%B6%88/%E5%86%87%E9%AA%A8%E6%B6%88.htm 。

外語

- Ambrosoli, Mauro. (1997), *The Wild and the Sown: Botany and Agriculture in Western Europe, 1350-1850*. Cambridge: Cambridge University Press.

- Anderson, E. N. (1988), *The Food of China.* New Haven: Yale University Press.

- Brush, Stephen B. & Doreen Stabinsky (1996), *Valuing Local Knowledge: Indigenous People and Intellectual Property Rights.* Washington D. C.: Island Press.

- Castetter, E. F. (1944), "The Domain of the American Naturalist." *Naturalist*, 78(774):158-170.

- Fowler , Cary & Pat Mooney (1990), *Shattering: Food, Politics, and the Loss of Genetic Diversity.* Tucson: University of Arizona Press.

- Fowler, J. Walter (1896), "A Contribution to Ethnobotany." *American Anthropologist*, 9: 14-21.

- Harshberger, J. W. (1896), "The Purpose of Ethno-botany." *American Antiquarian.* 17: 73-81.

- Hough, Walter (1898), "Environmental interrelationships in Arizona." *American Anthropologist*, 11(os): 133-155.

- Johnson, B. A. (1994), *Who Pays the Price?: The Sociocultural Context of Environmental Crisis.* Washington, D. C.: Island Press.

- Lira, Rafael, Casas, Alejandro, & Blancas, José (Eds.)(2016), *Ethnobotany of Mexico：Interactions of People and Plants in Mesoamerica.* New York:

Springer-Verlag.

- Minnis, Paul E. (2000), *Ethnobotany: A Reader.* Norman: University of Oklahoma Press.

- Niles, Susan A. (1987), *Callachaca: Style and Status in an Inca Community.* Lowa City: University of Iowa Press.

- Orlove, Benjamin S. & Stephen B. Brush (1996), "Anthropology and the conservation of the biodiversity. " *Annual Review of Anthropology,* 25: 329-352.

- Palmer, Edward (1870), "Food products of the North American Indians. Report of the Commission for 1870." U.S. Department of Agriculture, Washington D.C..

- Plotkin, Mark (1993), *Tales of a Shaman's Apprentice.* New York: Viking.

- Power, Stephen (1873-1874), "Aboriginal Botany." *Proceedings of the California Academy of Sciences*, 5: 373-379.

- Schultes, Richard E. & Siri Von Reis (1995), *Ethnobotany: The Evolution of a Discipline.* Timber Press, Portland.

- Yacovleff, E. & F. L. Herrera. (1934), *El Mundo Vegetal de los Antiguos Peruanos.* Lima: Museo nacional.

植物名稱：

記錄時間： 年 月 日，天氣

採集地點：

歡迎您以不傷害植物的方式（拓印或拍照）來記錄它們的美麗面貌！

植物名稱：

記錄時間：　　　年　　　月　　　日，天氣

採集地點：

歡迎您以不傷害植物的方式（拓印或拍照）來記錄它們的美麗面貌！

植物名稱：

記錄時間：　　　年　　　月　　　日，天氣

採集地點：

歡迎您以不傷害植物的方式（拓印或拍照）來記錄它們的美麗面貌！